DOMINANDO A INTELIGÊNCIA ARTIFICIAL (IA)

GUIA COMPLETO COM AÇÕES PRÁTICAS PARA EMPREENDEDORES E ENTUSIASTAS

R. Brissi

PREFÁCIO

Lembrando os dias em que os computadores eram monstros metálicos barulhentos e a internet discada era um mistério que se desvelava lentamente, é surpreendente ver onde chegamos. Era uma época em que a ideia de ter uma conversa fluida com uma máquina parecia mais um sonho distante do que uma realidade tangível. A tecnologia, uma vez restrita às páginas de ficção científica, agora pulsa vibrante e dinâmica em nossas vidas diárias. A cada avanço, o futuro se desdobra diante de nós, revelando novas possibilidades que antes apenas imaginávamos. Nesse cenário de transformação e descoberta, somos testemunhas de uma nova era, marcada pelo surgimento de inovações que prometem remodelar nosso mundo de maneiras inimagináveis.

A cada dia que passa a inteligência artificial evolui de forma impressionante, transformando a maneira como interagimos e trabalhamos. Entre as inovações mais empolgantes está o Chat GPT, um modelo de linguagem que está redefinindo os limites da comunicação digital e das capacidades automatizadas. Neste livro, vamos explorar o fascinante universo da Inteligência Artificial (IA), desvendando suas funcionalidades, aplicações práticas e o impacto transformador que pode ter nos negócios e em diversas áreas.

O objetivo deste livro é fornecer uma compreensão profunda e acessível sobre como a Inteligência Artificial pode ser utilizada para otimizar processos, melhorar a eficiência e criar novas oportunidades. Através de uma abordagem prática e exemplos do mundo real, você descobrirá como implementar e tirar o máximo proveito desta tecnologia revolucionária.

Se você é um empreendedor com visão transformadora, um entusiasta da tecnologia, um profissional buscando inovação, ou simplesmente curioso sobre o potencial da inteligência artificial, este livro é para você. Prepare-se para uma jornada de aprendizado que irá expandir suas perspectivas e equipá-lo com conhecimentos valiosos para aproveitar ao máximo essa tecnologia que vai revolucionar o amanhã.

O Autor

AGRADECIMENTO

Este livro é fruto não apenas do meu empenho, mas também do apoio incondicional de uma pessoa especial.

Sara, sua contribuição foi essencial em cada etapa desta jornada. Sua atenção aos detalhes, os ajustes que você fez no conteúdo, suas incansáveis revisões e sua participação na diagramação tornaram este trabalho ainda mais especial.

Este livro é tanto seu quanto meu. Minha gratidão por tudo que você fez é imensurável. Obrigado por sempre estar ao meu lado!

SUMÁRIO

CAPÍTULO 1
INTRODUÇÃO À INTELIGÊNCIA ARTIFICIAL

O QUE É INTELIGÊNCIA ARTIFICIAL?

A Inteligência Artificial (IA) é um campo da ciência da computação que busca criar sistemas capazes de realizar tarefas que normalmente requerem inteligência humana, como reconhecimento de fala, tomada de decisão, resolução de problemas e compreensão de linguagem natural. Em essência, a IA é a simulação de processos mentais humanos em máquinas, com o objetivo de emular capacidades cognitivas como aprendizado, adaptação e raciocínio.

Existem diferentes tipos de IA que refletem o grau de sofisticação e capacidade de aprendizado das máquinas. A IA Fraca, também conhecida como IA Estreita, é projetada para realizar tarefas específicas e limitadas, como assistentes virtuais, sistemas de recomendação e chatbots. Esses sistemas são eficazes em suas funções, mas não possuem consciência ou entendimento além do que foram programados. Em contraste, a IA Forte ou IA Geral refere-se a sistemas com a capacidade de entender e aprender de maneira geral, similar à inteligência humana. Esse tipo de IA ainda é um objetivo distante. A IA Superinteligente, por sua vez, representa uma forma hipotética de inteligência que ultrapassaria a inteligência humana em todas as áreas, como criatividade, tomada de decisão e habilidades sociais. Embora seja um conceito especulativo, ele é amplamente debatido em termos de ética e filosofia sobre o futuro da IA.

No nível prático, a IA é construída sobre componentes fundamentais que permitem diferentes funcionalidades. O Aprendizado de Máquina (Machine Learning - ML) é um subcampo que envolve algoritmos que permitem que sistemas aprendam com dados e melhorem ao longo do tempo sem intervenção humana direta. Outro componente essencial é o Processamento de Linguagem Natural (NLP), que permite que sistemas compreendam e gerem linguagem humana, utilizado em tarefas como tradução automática e análise de sentimentos. A Visão Computacional permite que sistemas interpretem e compreendam informações visuais, como imagens e vídeos, enquanto o Raciocínio e Tomada de Decisão habilita sistemas a tomarem decisões baseadas em dados e lógica.

ORIGEM E CRONOLOGIA DA INTELIGÊNCIA ARTIFICIAL

A ideia de máquinas que podem pensar remonta a antigos conceitos filosóficos e literários. Filósofos como Aristóteles e Descartes exploraram a ideia de inteligência e raciocínio, mas foi só no século XX que a inteligência artificial começou a se transformar em uma ciência concreta.

Anos 50: A Fundação Teórica

Alan Turing, considerado um dos pais da ciência da computação, formulou o conceito de uma "máquina universal", capaz de executar qualquer cálculo matemático. Em 1950, Turing publicou o artigo "Computing Machinery and Intelligence", no qual propôs o famoso "Teste de Turing" para avaliar a inteligência das máquinas.

John von Neumann, outro pioneiro importante, contribuiu significativamente com a teoria dos autômatos e a arquitetura de computadores, que formaram a base para o desenvolvimento de máquinas inteligentes. Von Neumann desenvolveu a Arquitetura de von Neumann, um modelo fundamental para a construção de computadores modernos. Esta arquitetura descreve um design de computador em que a memória armazena tanto os dados quanto as instruções de programa, permitindo que a máquina execute uma sequência de operações de maneira flexível e programável.

Organizado por John McCarthy, Marvin Minsky, Nathaniel Rochester e Claude Shannon, o Congresso de Dartmouth é amplamente considerado o evento fundador do campo da IA. Durante esta conferência, o termo "Inteligência Artificial" foi oficialmente cunhado e a pesquisa começou a se formalizar como um campo acadêmico.

Anos 60: Os Primeiros Avanços

Durante a década de 60, a IA estava começando a se firmar como um campo de estudo respeitável, com uma série de desenvolvimentos importantes que estabeleciam as bases para futuras inovações.

O crescimento da capacidade de processamento dos computadores e o aumento da memória disponível possibilitaram a implementação de algoritmos mais complexos e a realização de experimentos mais ambiciosos.

A década de 60 foi marcada por uma crescente exploração de técnicas de IA incluindo algoritmos de busca, sistemas especialistas e o desenvolvimento de programas de jogo, que ajudaram a mostrar o potencial da IA em resolver problemas complexos e estratégicos.

Esses desenvolvimentos nos anos 60 prepararam o terreno para avanços subsequentes, incluindo o surgimento de novos paradigmas e métodos na década de 70 e além. O trabalho de pioneiros como Turing foi fundamental para estabelecer a IA como um campo de pesquisa vital e dinâmico.

Anos 70 e 80: O Primeiro Inverno da IA

Apesar dos avanços iniciais, os progressos na IA não atenderam às expectativas, levando a uma diminuição no financiamento e interesse. Esse período foi marcado por um "inverno da IA", onde o entusiasmo e o investimento em pesquisas diminuíram.

Anos 90: O Segundo Inverno da IA

Embora os sistemas especialistas, que eram programas projetados para resolver problemas específicos em domínios restritos, tenham alcançado sucesso em áreas como diagnóstico médico, a falta de progressos significativos em IA geral levou a um novo período de ceticismo e novamente escassez dos investimentos.

Anos 2000: Avanços Tecnológicos e Aumento do Interesse

O ressurgimento do interesse pela IA foi impulsionado pelo desenvolvimento de algoritmos de aprendizado de máquina mais avançados e pelo aumento do poder computacional. O algoritmo de redes neurais, como as Redes Neurais Profundas (Deep Learning), ganhou destaque.

A partir de 2010 com o uso de redes neurais profundas para reconhecimento de imagem, processamento de linguagem natural, jogos de estratégia, a popularização de assistentes virtuais, carros autônomos e sistemas de recomendação evidenciou a integração da IA em diversas áreas do cotidiano trazendo a IA para o mainstream.

DIFERENÇAS ENTRE IA, MACHINE LEARNING, DEEP LEARNING, IA GENERATIVA E GRANDES MODELOS DE LINGUAGEM (LLM)

A Inteligência Artificial é o campo geral que engloba todas as tecnologias que permitem que máquinas simulem capacidades humanas, como raciocínio, percepção e tomada de decisão. Dentro desse campo, o Machine Learning é uma abordagem que permite que máquinas aprendam a partir de dados e aprimorem seu desempenho sem serem explicitamente programadas para cada tarefa. Deep Learning, por sua vez, é uma área do Aprendizado de Máquina que utiliza redes neurais profundas para resolver problemas complexos, especialmente aqueles que requerem o processamento de grandes volumes de dados.

A IA Generativa é uma vertente da IA que cria novos conteúdos a partir de dados preexistentes, como textos, imagens, músicas e vídeos. Utilizada em áreas como marketing e design, a IA Generativa possibilita a criação de conteúdo inovador e personalizado. Já os Grandes Modelos de Linguagem (LLM), como o GPT, são especializados em entender e gerar linguagem humana. Eles são amplamente usados em chatbots e assistentes virtuais, proporcionando interações naturais e eficientes entre humanos e máquinas.

APLICAÇÕES DA IA EM NEGÓCIOS

A IA tem inúmeras aplicações nos negócios, otimizando processos e criando novas oportunidades. No setor financeiro, a IA é usada para detectar fraudes e avaliar riscos de crédito. Na saúde, ela contribui para diagnósticos por imagem e triagem de pacientes. No comércio e varejo, a IA otimiza estoques e personaliza recomendações de produtos. Em manufatura, robôs com IA realizam tarefas complexas e previsões de manutenção. Em transportes, a IA otimiza rotas e impulsiona a tecnologia de veículos autônomos. Recursos Humanos também se beneficia com a triagem de candidatos e análise de satisfação dos funcionários, enquanto Marketing e Publicidade usam a IA para segmentação de mercado e monitoramento de sentimento de consumidores.

BENEFÍCIOS E DESAFIOS DA IMPLEMENTAÇÃO DE IA

Implementar IA traz muitos benefícios, como aumento de eficiência, personalização, redução de custos e melhoria da experiência do cliente. No entanto, também apresenta desafios, como altos custos iniciais, complexidade na integração com sistemas existentes, questões de privacidade e a necessidade de dados de qualidade. Empresas podem enfrentar resistência à mudança, pois a introdução de IA muitas vezes transforma processos e a dinâmica de trabalho.

Esse panorama da IA revela como ela evoluiu e impacta setores variados, sendo uma ferramenta essencial para a inovação e o futuro das organizações.

Capítulo 2
Preparando seu negócio para a IA

Avaliando a prontidão do seu negócio

Quando se trata de implementar a inteligência artificial (IA) em um negócio, o primeiro passo crucial é identificar quais processos podem ser automatizados. Automatizar tarefas não apenas aumenta a eficiência, mas também libera tempo e recursos para que a equipe se concentre em atividades mais estratégicas. A seguir destacamos alguns procedimentos que ajudam a identificar os processos ideais a serem automatizados.

1. Mapeie os Processos Existentes

Antes de mais nada, é essencial ter um entendimento claro de como os processos são realizados atualmente em sua empresa. Faça um levantamento detalhado de todas as operações diárias e semanais. Documente cada etapa, desde o início até a conclusão, e identifique os responsáveis por cada tarefa. Isso ajuda a visualizar o fluxo de trabalho e detectar áreas que podem ser otimizadas.

2. Identifique Tarefas Repetitivas e Rotineiras

Procure por tarefas que são repetitivas e rotineiras. Esses são os candidatos mais evidentes para a automação, pois são frequentemente realizadas da mesma maneira e demandam um grande volume de trabalho manual.

Exemplos comuns incluem:

- Entrada de dados: inserir informações em sistemas ou bancos de dados frequentemente.
- Geração de relatórios: compilar dados e criar relatórios regulares.
- Atendimento ao cliente: responder a perguntas frequentes e solucionar problemas básicos.

Essas tarefas repetitivas e rotineiras quando automatizadas liberam sua equipe para focar em atividades que exigem criatividade e julgamento.

3. Analise Processos que Exigem Alta Precisão

Tarefas que exigem alta precisão e são suscetíveis a erros humanos também são boas candidatas para a automação. Sistemas de IA são eficazes em realizar cálculos, análises e operações complexas sem erros, oferecendo resultados mais consistentes.

Exemplos comuns incluem:

- Controle de qualidade: inspecionar produtos para detectar defeitos.
- Análise de dados: processar grandes volumes de dados para gerar insights precisos.
- Processamento de faturas: verificar e aprovar pagamentos automaticamente.

Automatizar esses processos pode melhorar a precisão e reduzir o risco de erros.

4. Avalie a Frequência e o Volume das Tarefas

Considere a frequência e o volume das tarefas. Processos que são realizados com frequência e envolvem um grande volume de trabalho são mais adequados para a automação. A automação pode gerar economias de tempo significativas e aumentar a produtividade geral. Exemplos:

- Envio de e-mails: automatizar o envio de e-mails de marketing ou notificações.
- Gestão de inventário: atualizar automaticamente os níveis de estoque e reordenar produtos quando necessário.
- Agendamento de reuniões: usar ferramentas de agendamento automatizadas para marcar compromissos e reuniões.

5. Considere o Impacto na Experiência do Cliente

Analise como a automação pode melhorar a experiência do cliente. Processos que afetam diretamente a interação com o cliente devem ser avaliados para definir como a automação pode oferecer um atendimento mais rápido e eficiente. Exemplos comuns incluem:

- Chatbots: responder as perguntas frequentes e oferecer suporte 24/7.
- Recomendações personalizadas: usar IA para sugerir produtos com base no histórico de compras dos clientes.

6. Obtenha Feedback da Equipe

Envolva sua equipe no processo de identificação de processos para automação. Eles têm uma visão prática e podem fornecer insights valiosos sobre quais tarefas são mais desafiadoras e onde a automação poderia ser mais benéfica. O feedback dos colaboradores pode ajudar a priorizar os processos a serem automatizados e garantir uma transição mais suave.

7. Priorize e Planeje a Implementação

Após identificar os processos que podem ser automatizados, priorize-os com base no impacto potencial, facilidade de implementação e retorno sobre o investimento. Elabore um plano de implementação que inclua metas claras, recursos necessários e etapas de monitoramento para avaliar o sucesso da automação.

Identificar processos que podem ser automatizados é um passo fundamental para a transformação digital de qualquer negócio. Ao focar nas tarefas repetitivas, rotineiras e suscetíveis a erros, você pode utilizar a IA de forma eficaz para melhorar a eficiência operacional e liberar tempo para que sua equipe possa se concentrar em atividades mais estratégicas e de maior valor.

8. Análise de necessidades e oportunidades

Antes de implementar a inteligência artificial em seu negócio, é essencial realizar uma análise cuidadosa das necessidades e oportunidades que a tecnologia pode atender. Esta etapa é crucial para garantir que a solução escolhida se alinhe perfeitamente com os objetivos da sua empresa e traga os maiores benefícios possíveis.

A análise de necessidades começa com a compreensão profunda dos desafios enfrentados pela sua empresa. Reflita sobre os processos que atualmente consomem muito tempo e recursos, bem como sobre as áreas onde você sente que poderia haver melhorias significativas. Pergunte-se quais são os maiores pontos de dor e quais aspectos do seu negócio poderiam ser mais eficientes ou eficazes. Isso pode incluir tarefas repetitivas, gestão de grandes volumes de dados ou o atendimento ao cliente.

Uma vez que você tenha uma visão clara das necessidades, o próximo passo é identificar as oportunidades que a IA pode oferecer. A inteligência artificial tem a capacidade de transformar diversos aspectos de um negócio, desde a automação de tarefas simples até a análise de dados complexos para gerar insights estratégicos. Avalie como a tecnologia pode ser aplicada para resolver os problemas identificados e melhorar as áreas que necessitam de atenção.

Considere também o impacto potencial da IA nas operações e na estratégia da empresa. A automação de processos rotineiros pode liberar sua equipe para se concentrar em atividades mais estratégicas, enquanto ferramentas de análise de dados podem fornecer informações valiosas que ajudam a tomar decisões mais informadas. Pense em como essas melhorias podem não apenas resolver problemas atuais, mas também abrir novas oportunidades de crescimento e inovação.

Além disso, é importante envolver sua equipe na análise de necessidades e oportunidades. Colaboradores que estão diretamente envolvidos nos processos diários podem oferecer perspectivas valiosas sobre onde a IA pode ser mais benéfica. Eles podem ajudar a identificar áreas que precisam de atenção e fornecer insights sobre como a tecnologia pode ser integrada de forma mais eficaz.

Por fim, avalie a viabilidade das oportunidades identificadas. Considere os recursos necessários para implementar soluções de IA e os potenciais benefícios que elas podem trazer. Isso inclui não apenas o custo financeiro, mas também o tempo de implementação e o treinamento necessário para sua equipe. Certifique-se de que a solução escolhida seja adequada ao seu orçamento e capacidade técnica.

A análise de necessidades e oportunidades é uma etapa essencial para garantir que a implementação da IA traga benefícios reais e alinhados aos objetivos da sua empresa.

Ao entender profundamente seus desafios e explorar como a inteligência artificial pode oferecer soluções eficazes, você estará melhor posicionado para tomar decisões informadas e aproveitar ao máximo as vantagens que a tecnologia pode oferecer.

CRIANDO UM PLANO DE IMPLEMENTAÇÃO DE IA

Implementar inteligência artificial (IA) em um negócio pode transformar operações e impulsionar o crescimento, mas é essencial ter um plano claro para garantir uma integração bem-sucedida. A seguir identificamos os principais passos para criar um plano de implementação de IA de forma prática e eficiente.

1. Defina Seus Objetivos

Comece por estabelecer o que você espera alcançar com a IA. Quer melhorar a eficiência operacional? Aumentar a satisfação do cliente? Reduzir custos? Ter objetivos claros ajudará a direcionar todas as etapas subsequentes do plano. Certifique-se de que esses objetivos sejam específicos, mensuráveis, alcançáveis, relevantes e com um prazo definido (critérios SMART).

2. Avalie Seus Recursos

Faça um levantamento dos recursos disponíveis, como orçamento, infraestrutura e equipe. Determine se você tem as tecnologias necessárias, como servidores e software, e se sua equipe possui as habilidades para implementar e gerenciar a IA. Caso contrário, considere a necessidade de treinamento, contratação de especialistas ou de uma consultoria externa.

3. Escolha as Ferramentas e Tecnologias Adequadas

Selecione as ferramentas e tecnologias de IA que melhor atendem aos seus objetivos e recursos. Existem diversas opções, como plataformas de análise de dados, chatbots, sistemas de recomendação e mais. Pesquise e avalie as soluções disponíveis para escolher a que oferece o melhor custo-benefício e se adapta às suas necessidades.

4. Desenvolva um Cronograma de Implementação

Crie um cronograma detalhado que inclua todas as etapas do processo de implementação. Isso deve incluir a seleção de ferramentas, desenvolvimento e testes, treinamento da equipe e a integração com os sistemas existentes. Estabeleça marcos e prazos para cada fase do projeto para garantir que tudo seja concluído a tempo.

5. Elabore um Plano de Treinamento

Certifique-se de que sua equipe esteja bem preparada para usar as novas ferramentas de IA. Desenvolva um plano de treinamento que cubra desde o básico até o uso avançado das tecnologias implementadas. O treinamento eficaz ajudará a minimizar erros e maximizar os benefícios da IA.

6. Implemente e Teste Gradualmente

Comece a implementação de forma gradual para permitir ajustes e solucionar problemas antes de uma integração completa. Teste a IA em um ambiente controlado ou com um grupo pequeno de usuários para avaliar o desempenho e fazer melhorias. Isso reduz o risco de problemas maiores e permite otimizar a solução antes do lançamento completo.

7. Monitore e Avalie o Desempenho

Depois da implementação, acompanhe de perto o desempenho da IA em relação aos objetivos estabelecidos. Utilize métricas e indicadores para medir a eficácia da solução. Avalie se a IA está atingindo os resultados esperados e identifique áreas para ajustes e melhorias contínuas.

8. Faça Ajustes e Melhore Continuamente

A implementação de IA é um processo contínuo. Baseado nas avaliações e feedbacks, faça ajustes e otimize as ferramentas e processos. Mantenha-se atualizado com as novas tecnologias e tendências de IA para garantir que sua solução permaneça eficiente e relevante ao longo do tempo.

Criar um plano de implementação de IA é essencial para garantir uma integração bem-sucedida e maximizar os benefícios da tecnologia. Seguindo esses passos, você poderá gerenciar o processo de forma organizada e alcançar os resultados desejados de maneira eficiente.

Antes de prosseguir, cabe esclarecer sobre uma dúvida frequente em relação a IA: Implantar uma automação de IA não seria a mesma coisa do que implantar um sistema de informática já utilizado há anos por empresas? A resposta é: Sim, muitos dos princípios descritos para a implementação de IA são semelhantes aos aplicados na informatização de uma empresa. Ambos os processos envolvem a integração de novas tecnologias para melhorar a eficiência e a eficácia dos negócios. No entanto, há algumas diferenças importantes entre a implementação de IA e a informatização geral. A seguir destacamos tais semelhanças e diferenças principais.

Semelhanças

- *Definição de Objetivos*

Tanto na informatização quanto na implementação de IA, é fundamental definir objetivos claros para guiar o processo e medir o sucesso.

- *Avaliação de Recursos*

Em ambos os casos, é necessário avaliar os recursos disponíveis, incluindo orçamento, infraestrutura e habilidades da equipe.

- *Escolha de Ferramentas e Tecnologias*

A escolha das ferramentas e tecnologias é uma etapa crítica, seja para informatizar processos com software básico ou para implementar soluções avançadas de IA.

- *Desenvolvimento de um Cronograma*

Criar um cronograma detalhado para a implementação é essencial para garantir que o projeto seja concluído de forma eficiente e dentro do prazo.

- *Treinamento da Equipe*

O treinamento é importante em ambos os casos para garantir que a equipe saiba como utilizar as novas ferramentas e tecnologias de forma eficaz.

- *Monitoramento e Avaliação*

Monitorar o desempenho e avaliar os resultados após a implementação são passos cruciais para garantir que as novas tecnologias estejam alcançando os objetivos desejados.

Diferenças

- *Complexidade das Tecnologias*

Informatização: Geralmente envolve a automação de processos básicos e a integração de software para tarefas administrativas e operacionais.

IA: Envolve tecnologias mais complexas, como aprendizado de máquina e processamento de linguagem natural, que podem exigir mais habilidades especializadas e um planejamento mais detalhado.

- *Natureza dos Processos*

Informatização: Foca na digitalização e automação de processos tradicionais, como gerenciamento de documentos, contabilidade e comunicação.

IA: Pode lidar com tarefas mais avançadas, como análise de grandes volumes de dados, reconhecimento de padrões e interação inteligente com clientes.

- *Desenvolvimento e Integração*

Informatização: Normalmente envolve a implementação de software e sistemas que já estão bem estabelecidos no mercado.

IA: Muitas vezes exige o desenvolvimento de soluções personalizadas ou o uso de tecnologias emergentes que podem exigir integração mais complexa e ajustes contínuos.

- *Adaptação e Evolução*

Informatização: Uma vez que os sistemas estão em funcionamento, eles podem precisar de atualizações, mas as mudanças geralmente são menos frequentes.

IA: A tecnologia de IA está em constante evolução e pode exigir ajustes frequentes, treinamento adicional e ajustes contínuos para melhorar seu desempenho e precisão.

Embora os princípios básicos de planejamento, implementação e avaliação sejam semelhantes, a implementação de IA frequentemente exige uma abordagem mais técnica e adaptável devido à complexidade e às capacidades avançadas da tecnologia. Ao implementar IA, é preciso considerar a evolução contínua da tecnologia e o impacto mais profundo que ela pode ter nas operações do negócio.

COLETANDO E PREPARANDO DADOS

Na era da inteligência artificial (IA), os dados são o recurso mais valioso que você pode ter. Eles são a base sobre a qual os algoritmos de IA são construídos e treinados. Portanto, sem dados de alta qualidade, mesmo as melhores tecnologias de IA não conseguirão entregar os resultados esperados. A seguir apresentamos uma breve explanação sobre a importância dos dados para a IA.

1. Fundamentação dos Modelos de IA

Os algoritmos de IA, como o aprendizado de máquina, funcionam através do treinamento em grandes conjuntos de dados. Esses dados ajudam o modelo a aprender padrões, fazer previsões e tomar decisões com base em informações passadas. Se você tiver dados ricos e variados, o modelo terá uma base sólida para aprender e melhorar sua precisão. Em contraste, dados insuficientes ou de baixa qualidade podem levar a modelos imprecisos e pouco confiáveis.

2. Melhoria da Precisão e Eficiência

A qualidade dos dados diretamente impacta a precisão dos resultados gerados pela IA. Dados bem estruturados e limpos permitem que os algoritmos identifiquem padrões e relações com mais precisão. Isso é crucial para tarefas como recomendações de produtos, diagnósticos médicos ou análises financeiras. Com dados precisos, a IA pode fornecer insights mais relevantes e recomendações mais eficazes, melhorando a eficiência e a tomada de decisões.

3. Identificação de Padrões e Tendências

A IA é excelente para analisar grandes volumes de dados e identificar padrões que podem não ser evidentes para um ser humano. Com dados bem coletados e organizados, a IA pode revelar tendências e insights valiosos que ajudam as empresas a tomar decisões mais informadas. Por exemplo, uma análise de dados de comportamento do cliente pode ajudar a prever futuras compras e ajustar estratégias de marketing.

4. Personalização da Experiência do Usuário

Dados são fundamentais para personalizar a experiência do usuário. Algoritmos de IA utilizam dados sobre preferências e comportamentos dos usuários para oferecer recomendações personalizadas e experiências sob medida. Isso é evidente em plataformas de streaming de vídeo, que sugerem filmes e séries com base no histórico de visualização, ou em e-commerces, que recomendam produtos com base em compras anteriores.

5. Treinamento e Ajuste Contínuo

A coleta contínua de dados permite que os modelos de IA se ajustem e melhorem ao longo do tempo. À medida que novos dados são coletados, o modelo pode ser re-treinado para se adaptar a mudanças nas tendências e nas preferências dos usuários. Esse processo de aprendizado contínuo é crucial para manter a relevância e a eficácia da IA, garantindo que ela continue a entregar resultados precisos e úteis.

6. Prevenção de Preconceitos e Erros

Dados de alta qualidade ajudam a minimizar preconceitos e erros nos resultados da IA. Quando os dados são diversos e representativos, o modelo tem menos chance de aprender preconceitos ou gerar respostas tendenciosas. É importante garantir que os dados utilizados para treinar a IA sejam abrangentes e equitativos, refletindo a realidade de maneira justa e precisa.

A importância dos dados na IA não pode ser subestimada. Eles são a base que sustenta toda a tecnologia e determinam a eficácia dos modelos e algoritmos. Investir na coleta, preparação e análise de dados de qualidade é essencial para garantir que sua solução de IA funcione de forma eficaz e ofereça os benefícios desejados. Ao entender e valorizar o papel crítico dos dados, é possivel aproveitar ao máximo o potencial da inteligência artificial e impulsionar o sucesso do seu negócio.

TIPOS DE DADOS: ESTRUTURADOS E NÃO ESTRUTURADOS

Quando se trata de inteligência artificial (IA), entender os diferentes tipos de dados é fundamental para tirar o máximo proveito das tecnologias disponíveis. Os dados podem ser classificados principalmente em duas categorias: estruturados e não estruturados, e cada tipo desempenha um papel distinto no treinamento e na eficácia dos modelos de IA.

Dados estruturados são aqueles que seguem um formato predefinido e são organizados em tabelas, planilhas ou bancos de dados, com informações claramente categorizadas. Eles são altamente organizados e fáceis de acessar, filtrar e analisar, pois cada dado está em um campo específico, como números, datas ou texto em colunas e linhas. Exemplos típicos incluem registros de transações financeiras, dados de inventário e informações de clientes armazenadas em sistemas de CRM. Para a IA, dados estruturados são valiosos porque permitem análises precisas e a aplicação direta de algoritmos de aprendizado de máquina, facilitando a geração de insights e previsões confiáveis.

Por outro lado, dados não estruturados são aqueles que não têm um formato definido e não seguem uma estrutura rígida. Eles incluem uma variedade de tipos de informações, como textos em e-mails, postagens em redes sociais, imagens, vídeos e áudios. Esses dados são mais complexos e desorganizados, o que pode tornar sua análise mais desafiadora. No entanto, eles contêm um enorme potencial de informação. Ferramentas de IA, como algoritmos de processamento de linguagem natural e visão computacional, são frequentemente usadas para interpretar e extrair valor desses dados não estruturados. Por exemplo, um modelo de IA pode analisar comentários em redes sociais para entender a opinião pública ou examinar imagens para identificar objetos e padrões.

Ambos os tipos de dados são essenciais para a IA, cada um contribuindo de maneira única para a criação de modelos robustos e eficazes. Dados estruturados fornecem uma base sólida para análises precisas e decisões baseadas em informações concretas, enquanto dados não estruturados oferecem uma rica fonte de insights qualitativos que podem revelar tendências e padrões mais profundos. Combinando e analisando ambos os tipos de dados, as soluções de IA podem ser mais abrangentes e adaptativas, proporcionando uma visão completa e detalhada das informações disponíveis.

Portanto, ao preparar seus dados para a implementação de IA, é crucial reconhecer e entender essas diferenças para garantir que todas as fontes de dados sejam aproveitadas de forma eficaz. Isso permitirá que você maximize o potencial de suas ferramentas de IA e obtenha resultados mais precisos e valiosos.

BOAS PRÁTICAS PARA COLETA E ORGANIZAÇÃO DE DADOS

A coleta e organização de dados são etapas fundamentais para garantir o sucesso de qualquer projeto de inteligência artificial (IA). Dados bem coletados e organizados não só facilitam a análise, mas também melhoram a precisão e a eficácia dos modelos de IA. Para alcançar esses objetivos, é essencial adotar boas práticas que assegurem a qualidade e a utilidade dos dados.

Primeiramente, é importante definir claramente o que precisa ser coletado. Antes de iniciar a coleta de dados, estabeleça quais informações são necessárias para atender aos objetivos do seu projeto de IA. Isso pode incluir a identificação de métricas específicas, tipos de dados e fontes relevantes. Ter uma visão clara sobre o que é relevante ajuda a evitar a coleta de dados desnecessários e a manter o foco no que realmente importa.

A qualidade dos dados é outra consideração crucial. Garanta que os dados coletados sejam precisos, completos e atualizados. Dados imprecisos ou desatualizados podem levar a conclusões erradas e comprometer a eficácia da IA.

Implementar processos de validação e limpeza de dados ajuda a identificar e corrigir erros, garantindo que a informação utilizada seja confiável.

Organizar os dados de maneira estruturada facilita o acesso e a análise. Utilize sistemas e ferramentas que permitem armazenar dados de forma ordenada, como bancos de dados e planilhas bem estruturadas. Categorize os dados de acordo com seus tipos e formatos, e crie um esquema claro para a organização. Isso não só ajuda na eficiência da análise, mas também facilita a integração de diferentes fontes de dados.

É também fundamental documentar os processos de coleta e organização. Mantenha registros detalhados sobre como os dados foram coletados, quais ferramentas foram usadas e qualquer transformação que tenha sido aplicada. A documentação ajuda a garantir a transparência e facilita a reprodução dos processos, além de permitir a resolução de problemas caso algo não funcione como esperado.

Ao coletar dados de diferentes fontes, assegure-se de integrá-los de forma coesa. Dados provenientes de diferentes sistemas ou plataformas devem ser harmonizados para criar uma visão única e consistente. A integração eficaz de dados evita discrepâncias e garante que as análises sejam baseadas em uma fonte de verdade unificada.

Finalmente, respeite a privacidade e as regulamentações ao lidar com dados sensíveis. Certifique-se de que a coleta e o armazenamento de dados estejam em conformidade com as leis e regulamentações aplicáveis, como o Regulamento Geral sobre a Proteção de Dados (GDPR) na União Europeia. Proteja a privacidade dos indivíduos e adote medidas de segurança para salvaguardar as informações.

Adotar essas boas práticas na coleta e organização de dados não apenas melhora a qualidade e a utilidade das informações, mas também contribui para o sucesso geral dos projetos de IA. Com dados bem gerenciados, você estará melhor posicionado para obter insights valiosos e desenvolver soluções eficazes que impulsionam o sucesso do seu negócio.

Capítulo 3
Ferramentas e Tecnologias de IA

Ferramentas de IA para Pequenos Negócios

Para pequenos negócios, a adoção de ferramentas de inteligência artificial (IA) pode ser um diferencial competitivo significativo, mas a escolha das ferramentas certas é crucial. Existem diversas opções no mercado, tanto gratuitas quanto pagas, que podem atender a diferentes necessidades e orçamentos. Aqui está uma visão geral para ajudá-lo a navegar por essas opções, incluindo o ChatGPT, uma ferramenta de IA muito popular.

Ferramentas Gratuitas de IA

Ferramentas gratuitas são uma excelente forma de começar a explorar a IA sem um grande investimento inicial. Elas geralmente oferecem funcionalidades básicas e podem ser ideais para pequenas empresas que estão apenas começando. A seguir destacamos algumas opções notáveis.

Google Colab

O que é: mma plataforma baseada em nuvem que permite a execução de códigos Python e experimentos em aprendizado de máquina.
Para que serve: ideal para desenvolvedores e pesquisadores que precisam de um ambiente de desenvolvimento gratuito para construir e testar modelos de IA.

Hugging Face

O que é: uma biblioteca de processamento de linguagem natural (NLP) com uma vasta gama de modelos pré-treinados.

Para que serve: oferece ferramentas gratuitas para tarefas de NLP, como análise de sentimentos e tradução automática.

TensorFlow

O que é: uma biblioteca de código aberto desenvolvida pelo Google para criar e treinar modelos de aprendizado de máquina.

Para que serve: permite a criação de modelos de IA personalizados para diferentes aplicações, desde reconhecimento de imagem até previsão de séries temporais.

Microsoft Azure AI (Camada Gratuita)

O que é: a Microsoft oferece uma camada gratuita com acesso a alguns serviços básicos de computação em nuvem de sua plataforma de IA Azure.

Para que serve: Ideal para explorar serviços como chatbots e análise de dados sem custo inicial.

ChatGPT

O que é: uma ferramenta de processamento de linguagem natural desenvolvida pela OpenAI, que pode gerar texto, responder perguntas e realizar tarefas de conversação.

Para que serve: o ChatGPT pode ser usado para criar chatbots, gerar conteúdo, automatizar respostas a perguntas frequentes e muito mais. Existe uma versão gratuita disponível com funcionalidades básicas, ideal para testes e pequenas implementações.

FERRAMENTAS PAGAS DE IA

Ferramentas pagas geralmente oferecem mais funcionalidades, suporte e integração com outros sistemas, e são adequadas para empresas que precisam de soluções mais robustas. A seguir apresentamos algumas opções populares.

IBM Watson

O que é: uma plataforma de IA da IBM que oferece uma gama de serviços, incluindo chatbots, análise de dados e processamento de linguagem natural.

Para que serve: ideal para empresas que buscam soluções avançadas de IA com suporte e integração robustos.

Salesforce Einstein

O que é: uma suíte de IA integrada ao Salesforce, oferecendo recursos como recomendações automatizadas e análise preditiva.

Para que serve: perfeito para empresas que já utilizam Salesforce e desejam adicionar capacidades de IA para melhorar o CRM e o atendimento ao cliente.

DataRobot

O que é: uma plataforma de aprendizado de máquina automatizado que facilita a construção de modelos preditivos.

Para que serve: ideal para empresas que desejam criar modelos de IA sem a necessidade de uma equipe de ciência de dados dedicada.

Amazon SageMaker

O que é: uma plataforma da AWS para construir, treinar e implantar modelos de aprendizado de máquina.
Para que serve: oferece uma gama completa de ferramentas e serviços para empresas que precisam de uma solução de IA escalável e flexível.

ChatGPT Plus

O que é: uma versão paga do ChatGPT que oferece acesso a funcionalidades avançadas e maior capacidade de resposta.

Para que serve: ideal para empresas que precisam de uma solução de IA mais robusta e com suporte adicional, oferecendo mais funcionalidades e desempenho melhorado em comparação com a versão gratuita.

Ao escolher entre ferramentas gratuitas e pagas, considere as seguintes questões:

- Orçamento: Ferramentas gratuitas são ótimas para começar, mas ferramentas pagas podem oferecer funcionalidades adicionais e suporte que podem justificar o investimento.

- Necessidades Específicas: Avalie as necessidades da sua empresa e escolha uma ferramenta que ofereça as funcionalidades que você realmente precisa.

- Facilidade de Uso: Ferramentas gratuitas podem exigir mais conhecimento técnico, enquanto soluções pagas geralmente oferecem suporte e integração mais fáceis.

Explorar as opções disponíveis e entender as funcionalidades que cada ferramenta é fundamental para você escolher a solução de IA mais adequada para o seu negócio. Para pequenos negócios, começar com ferramentas gratuitas pode ser uma ótima forma de experimentar e, eventualmente, investir em soluções pagas conforme suas necessidades crescem.

COMPARAÇÃO ENTRE DIFERENTES PLATAFORMAS DE IA

Escolher a plataforma de inteligência artificial (IA) certa para o seu pequeno negócio pode ser desafiador, dado o número de opções disponíveis no mercado. Aqui, comparamos algumas das principais plataformas de IA, incluindo Google AI, IBM Watson, Microsoft Azure e ChatGPT, para ajudá-lo a encontrar a solução que melhor atende às suas necessidades.

Google AI

Google AI é a plataforma de inteligência artificial do Google, oferecendo uma variedade de ferramentas e serviços para aprendizado de máquina e análise de dados. Os principais recursos incluem:

- AutoML: Facilita a criação de modelos personalizados de IA sem necessidade avançada de codificação.

- TensorFlow: Biblioteca popular para desenvolvimento de modelos de aprendizado de máquina.

- API de Visão e Linguagem: Ferramentas para reconhecimento de imagens, tradução automática e processamento de linguagem natural.

As principais vantagens sao:

- Integração com Google Cloud: Facilita a integração com outros serviços do Google Cloud.

- Bibliotecas de Código Aberto: TensorFlow e outras ferramentas são de código aberto, oferecendo flexibilidade.

- Inovação Constante: Acesso a tecnologias de ponta desenvolvidas pelo Google.

A principal desvantagem pode ser a complexidade da plataforma para iniciantes devido à variedade de ferramentas.

IBM Watson

IBM Watson é a plataforma de IA da IBM, conhecida por suas capacidades avançadas em processamento de linguagem natural e análise de dados. Os principais recursos incluem:

- Watson Assistant: Criação de chatbots e assistentes virtuais.

- Watson Discovery: Análise de grandes volumes de dados para encontrar insights.

- Watson Studio: Ambiente para desenvolvimento e treinamento de modelos de IA.

Quanto 'as vantagens, essa plataforma oferece soluções robustas para processamento de linguagem natural e análise preditiva. Alem disso, disponibiliza um suporte técnico robusto e opções de consultoria.

As desvantagens se referem principalmente ao custo, que pode ser maior a outras plataformas, especialmente para pequenas empresas.

Microsoft Azure

Microsoft Azure é a plataforma de nuvem da Microsoft, que oferece uma ampla gama de serviços de IA e aprendizado de máquina. Os principais recursos incluem:

- Azure Machine Learning: Ferramenta para construir, treinar e implantar modelos de IA.

- Cognitive Services: APIs para visão computacional, análise de texto e reconhecimento de fala.

- Azure Bot Services: Facilita a criação e gerenciamento de chatbots.

As vantagens incluem:

- Integração com Microsoft Office e Dynamics, que 'e Ideal para empresas que já utilizam produtos da Microsoft.

- Interface intuitiva e fácil de usar.

- Planos de Preço Flexíveis, com níveis de preços diferenciados para atender a diferentes orçamentos.

A principal desvantagem é a longa curva de aprendizado para novos usuários.

ChatGPT

ChatGPT é uma ferramenta de processamento de linguagem natural desenvolvida pela OpenAI. Ela é projetada para gerar texto, responder perguntas e realizar tarefas de conversação com base em modelos avançados de linguagem. Os principais recursos incluem:

- Geração de Texto: Capaz de criar textos de alta qualidade para diversos fins, como posts em blogs, descrições de produtos e muito mais.

- Assistente Virtual: Pode ser utilizado para criar chatbots que oferecem suporte ao cliente e respondem a perguntas frequentes.

- Integração Simples: Pode ser integrado a aplicativos e websites para melhorar a interação com usuários.

As principais vantagens sao:

- Facilidade de Uso: Interface amigável e fácil de integrar a outros sistemas.

- Versatilidade: Pode ser usado para uma ampla gama de aplicações, desde suporte ao cliente até geração de conteúdo.

- Modelos Atualizados: Acesso a um modelo de linguagem avançado que é continuamente atualizado pela OpenAI.

Como desvantagens destacamos:

- Algumas funcionalidades avançadas estão disponíveis apenas na versão paga, ChatGPT Plus.

- Dependência de conectividade, pois requer uma conexão com a internet para acessar o modelo de linguagem e gerar respostas.

Ao comparar Google AI, IBM Watson, Microsoft Azure e ChatGPT, considere os seguintes aspectos:

1. Funcionalidades necessárias: se você precisa de ferramentas para desenvolvimento de modelos complexos e análise de dados, Google AI e Microsoft Azure são opções robustas. Para chatbots e assistentes virtuais, IBM Watson e ChatGPT são ótimas escolhas.

2. Orçamento: ferramentas como ChatGPT e Google AI oferecem opções gratuitas para começar, enquanto IBM Watson e Microsoft Azure podem ter custos mais altos dependendo das funcionalidades usadas.

3. Facilidade de uso: ChatGPT e Microsoft Azure são conhecidos por suas interfaces amigáveis. IBM Watson e Google AI podem exigir mais conhecimento técnico.

4. Suporte e consultoria: IBM Watson oferece suporte robusto e consultoria, enquanto Google AI e Microsoft Azure têm boas opções de suporte, mas podem variar em termos de assistência personalizada.

Escolher a plataforma certa dependerá das necessidades específicas do seu negócio, seu orçamento e a familiaridade com as tecnologias. Avalie cada opção para encontrar a solução de IA que melhor se adapta aos seus objetivos.

INTRODUÇÃO AO MACHINE LEARNING

Machine Learning, ou Aprendizado de Máquina, é uma área da Inteligência Artificial (IA) que se concentra em criar algoritmos e modelos que permitem aos computadores aprender a partir de dados e melhorar seu desempenho ao longo do tempo, sem serem explicitamente programados para cada tarefa específica. Em outras palavras, é como ensinar uma máquina a aprender com a experiência, assim como os seres humanos fazem.

Nesse momento voce já deve estar pensando como isso funciona. Imagine que você está tentando ensinar um amigo a identificar diferentes tipos de frutas. Em vez de explicar cada característica de cada fruta, você mostra várias fotos e diz quais são as frutas em cada uma delas. Com o tempo, seu amigo começa a reconhecer padrões – a cor, a forma, o tamanho – e consegue identificar frutas que nunca viu antes.

Machine Learning funciona de maneira semelhante. Em vez de codificar todas as regras de um sistema manualmente, você fornece ao computador um grande conjunto de dados, chamado de dados de treinamento. O algoritmo, então, analisa esses dados para identificar padrões e relações subjacentes. Esse processo envolve ajustar parâmetros internos do modelo para minimizar erros nas previsões feitas com base em dados de entrada.

Para ensinar uma IA a reconhecer uma maçã, por exemplo, é necessário fornecer ao modelo uma grande quantidade de imagens de maçãs. Esses dados de treinamento consistem em diversas fotos de maçãs, cada uma delas etiquetada como "maçã". O conjunto de dados pode incluir maçãs em diferentes tamanhos, cores, formas, em diferentes condições de iluminação, e até mesmo maçãs vistas de vários ângulos.

Além das imagens, outros dados podem incluir descrições textuais de maçãs e suas características, como textura e formato. O objetivo é que o algoritmo analise todas essas variáveis e descubra quais características são comuns a todas as maçãs, mesmo que algumas imagens mostrem maçãs com variações sutis.

À medida que o sistema é exposto a um volume crescente e diversificado de dados — ou seja, mais imagens e informações sobre maçãs e outras frutas —, ele aprende a identificar padrões consistentes que definem uma maçã. Esse processo é chamado de aprendizado supervisionado. O modelo ajusta seus parâmetros internos para reduzir a diferença entre suas previsões e as respostas corretas fornecidas durante o treinamento.

Por exemplo, se uma imagem de maçã é rotulada como "maçã" e o modelo faz uma previsão errada, o erro é utilizado para ajustar o modelo e melhorar suas futuras previsões. Com o tempo, ao ser alimentado com uma variedade maior de exemplos e características de maçãs, o modelo melhora sua capacidade de reconhecer maçãs com precisão, mesmo quando encontra imagens novas ou ligeiramente diferentes das que viu durante o treinamento.

Em resumo, o volume crescente e a diversidade dos dados de treinamento permitem que o sistema refine continuamente suas previsões e se torne mais robusto e preciso na tarefa de identificar e classificar novos exemplos, como maçãs, com maior exatidão.

TIPOS DE MACHINE LEARNING

Existem três principais tipos de Machine Learning, os quais discutiremos a seguir.

Aprendizado Supervisionado

No aprendizado de máquina, o treinamento de um modelo com dados rotulados é como ensinar uma máquina a reconhecer e classificar informações com base em exemplos que você fornece. Vamos entender isso melhor com um exemplo: imagine que queremos ensinar a máquina a distinguir entre imagens de gatos e cachorros.

1. Coleta e Preparação dos Dados

Conjunto de dados rotulados: para ensinar a máquina, começamos com um grupo de dados onde cada exemplo já tem um rótulo indicando o que é. Por exemplo, no nosso caso, temos várias imagens de gatos e cachorros, e cada imagem já está marcada como "gato" ou "cachorro". Você pode ter uma pasta com milhares de imagens, e cada uma delas é identificada com um rótulo.

Diversidade e qualidade: é importante ter uma boa variedade de imagens. Isso significa incluir fotos de gatos e cachorros em diferentes posições, com diferentes tipos de iluminação e fundos. Isso ajuda a máquina a aprender o que é um gato ou um cachorro de forma mais geral, e não apenas a reconhecer imagens específicas.

2. Processo de Treinamento

O grupo de dados é dividido em três partes:

- Conjunto de Treinamento: A maior parte dos dados é usada para ensinar o modelo. Mostramos a ele essas imagens rotuladas e ajustamos suas "configurações" internas para melhorar suas previsões.

- Conjunto de Validação: Uma parte dos dados é usada para verificar se o modelo está aprendendo corretamente durante o treinamento. Isso ajuda a garantir que ele não esteja apenas decorando os exemplos.

- Conjunto de Teste: Depois que o modelo está treinado, testamos sua habilidade usando um grupo de dados separado, que ele nunca viu antes. Isso ajuda a verificar se o modelo pode identificar corretamente novas imagens.

Algoritmo de aprendizado: o modelo usa métodos específicos para processar as imagens e aprender o que diferencia um gato de um cachorro. Durante o treinamento, ele ajusta suas "configurações" para reduzir a diferença entre suas previsões e as respostas corretas.

Iterações e ajustes: o treinamento é repetido várias vezes. Em cada repetição, o modelo faz previsões e calcula o erro (diferença entre sua previsão e a resposta correta). Esse erro é usado para melhorar o modelo. Esse processo continua até que o modelo esteja funcionando bem.

3. Aprendizado e Generalização

Identificação de padrões: conforme o modelo aprende, ele começa a reconhecer padrões que ajudam a diferenciar gatos de cachorros, como o formato das orelhas e o tipo de pelagem.

Generalização: o objetivo é que o modelo não apenas reconheça as imagens que viu, mas também consiga identificar corretamente novas imagens de gatos e cachorros que ele nunca viu antes, desde que essas imagens compartilhem características semelhantes.

4. Avaliação e Ajustes Finais

Métricas de desempenho: para verificar o desempenho do modelo, usamos o conjunto de teste para medir seu desempenho. Medimos o quão bem ele está identificando gatos e cachorros nas novas imagens.

Ajustes finais: com base nos resultados, podem ser feitas algumas melhorias no modelo, como ajustar suas configurações ou adicionar mais dados para torná-lo ainda mais preciso.

Aprendizado Não Supervisionado

No aprendizado supervisionado temos perguntas claras e respostas definidas. Por exemplo, queremos saber se uma imagem é de um camisa ou de uma calça. Cada imagem é rotulada com a resposta correta, e o modelo é treinado para identificar essas categorias específicas.

No aprendizado não supervisionado, não temos essas respostas prontas. Em vez de saber se algo é uma camisa ou uma calça, o modelo não sabe o que procurar especificamente. Ele não tem um "manual" com respostas. Em vez disso, ele tenta descobrir por conta própria o que pode ser importante nos dados.

Imagine que você tem um grande conjunto de dados sobre clientes, mas sem saber se eles compram produtos caros ou baratos, ou se compram com frequência ou raramente. O modelo vai olhar para todas as informações disponíveis e tentar encontrar padrões comuns.

Por exemplo, o modelo pode perceber que alguns clientes frequentemente compram produtos eletrônicos, enquanto outros preferem roupas. Em outra situação o modelo pode notar que alguns clientes tendem a fazer compras principalmente à noite, enquanto outros fazem compras durante o dia. Pode também identificar que alguns clientes compram em grandes quantidades, mas menos frequentemente, enquanto outros compram em pequenas quantidades, mas mais frequentemente.

Para ilustrar vamos aplicar esse exemplo. Imagine que você tem um grande grupo de pessoas que frequentam um shopping. Você não sabe nada sobre elas, mas você tem informações sobre quando e o que elas compram. O modelo observa que algumas pessoas compram sempre em lojas de eletrônicos e em horários específicos. Com base nesses padrões, o modelo pode agrupar essas pessoas em um "grupo" de compradores de eletrônicos noturnos. Nesta mesma linha, ele pode identificar outro grupo que compra roupas e faz isso principalmente durante o dia. Mesmo sem saber detalhes específicos sobre cada cliente, o modelo consegue identificar grupos com comportamentos semelhantes e padrões comuns. Isso ajuda a entender melhor os dados e tomar decisões mais informadas, como por exemplo criar ofertas especiais e personalizadas para cada grupo de clientes.

No aprendizado não supervisionado, o modelo trabalha com dados que não têm rótulos e tenta identificar padrões e estruturas por conta própria. Isso é útil para entender melhor os dados e encontrar grupos ou tendências que podem não ser óbvias à primeira vista. É como organizar um grande monte de peças de quebra-cabeça para identificar que tipo de imagem elas formam, mesmo sem ter a imagem completa como referência.

Aprendizado por Reforço

O aprendizado por reforço é um método de treinamento para sistemas de inteligência artificial que se baseia na ideia de que, assim como nós, eles podem aprender a tomar melhores decisões através da experiência. Imagine um sistema, como um robô ou um programa de computador, que está tentando aprender a realizar uma tarefa. Em vez de ser ensinado diretamente sobre o que fazer, o sistema aprende interagindo com um ambiente e recebendo feedback sobre suas ações.

Neste processo, o sistema, chamado de agente, faz uma ação com base na situação atual em que se encontra, que é conhecida como estado. Por exemplo, se o agente estiver jogando um jogo, o estado pode ser a posição do personagem no jogo. Após realizar uma ação, como mover o personagem, o ambiente responde dando uma recompensa ou uma penalidade. Esse feedback pode ser uma pontuação positiva por uma boa ação ou uma perda de pontos por um erro. Além da recompensa ou penalidade, o ambiente também muda a situação atual, mostrando um novo estado para o agente.

O objetivo do agente é aprender a escolher ações que levem a recompensas mais altas ao longo do tempo. Para isso, ele precisa descobrir quais ações são as melhores em diferentes situações. Com o tempo, e através de muitas tentativas e erros, o agente ajusta sua estratégia para maximizar as recompensas que recebe.

Existem diferentes maneiras do agente aprender a melhorar suas decisões. Uma abordagem comum é avaliar a qualidade de cada ação que pode ser feita em cada estado, o que ajuda o agente a decidir qual ação é mais promissora. Outra abordagem é melhorar diretamente a estratégia do agente, ajustando a forma como ele escolhe suas ações com base no feedback recebido. Em alguns casos, combina-se essas abordagens para otimizar tanto a estratégia quanto a avaliação das ações.

O aprendizado por reforço é amplamente utilizado em diversas áreas. Em jogos, por exemplo, é usado para criar personagens de IA que aprendem a jogar melhor com o tempo, muitas vezes superando até jogadores humanos em alguns casos. Na robótica, o aprendizado por reforço ajuda robôs a aprenderem tarefas complexas, como manipulação de objetos ou navegação em ambientes desconhecidos. Além disso, também é aplicado em sistemas de controle, como a gestão de tráfego ou a otimização de processos industriais, onde é preciso ajustar continuamente as operações para melhorar o desempenho.

No entanto, o aprendizado por reforço enfrenta alguns desafios. O agente precisa encontrar um equilíbrio entre experimentar novas ações e aproveitar as que já sabe que funcionam bem, um dilema conhecido como exploração versus aproveitamento. Além disso, conforme o número de possíveis estados e ações aumenta, o processo de aprendizado pode se tornar mais complexo. Outro desafio é evitar recompensas enganosas, que podem levar o agente a tomar ações que não ajudam a atingir o verdadeiro objetivo.

Em resumo, o aprendizado por reforço é uma técnica poderosa que permite que sistemas aprendam a melhorar suas decisões através da prática e do feedback. É uma ferramenta essencial em muitas áreas da tecnologia e da ciência, ajudando a criar sistemas cada vez mais inteligentes e adaptáveis.

Machine Learning está transformando o mundo ao nosso redor. Desde a recomendação de produtos em e-commerces até a detecção precoce de doenças, suas aplicações são vastas e impactantes. Com a capacidade de processar grandes quantidades de dados e aprender com eles, Machine Learning não só melhora a eficiência, mas também possibilita inovações que antes pareciam impossíveis.

CAPÍTULO 4
IMPLEMENTANDO IA EM PROCESSOS

AUTOMAÇÃO DE MARKETING

Na automação de marketing, um dos maiores avanços proporcionados pela Inteligência Artificial (IA) é a capacidade de segmentar o público de maneira mais eficaz. Mas o que significa segmentar o público e como a IA faz isso de forma tão especial?

Segmentar o público é como dividir um grande grupo de clientes em grupos menores que têm características ou comportamentos semelhantes. Em vez de enviar uma mensagem de marketing genérica para todos, você pode personalizar suas campanhas para diferentes grupos. Por exemplo, você pode criar campanhas específicas para clientes que compram frequentemente, para aqueles que têm interesse em novos produtos, ou para pessoas que interagem com sua marca de maneiras específicas.

Aqui entra a mágica da IA. A IA consegue analisar grandes volumes de dados de maneira rápida e precisa. Imagine que você tem centenas de milhares de clientes. Manualmente, seria um trabalho enorme separar esses clientes em grupos e entender suas preferências. A IA faz isso de forma automática e muito mais eficiente. Ela examina os dados dos clientes, como quais produtos compram, quais páginas visitam no seu site e como respondem às campanhas de marketing.

Com essas informações, a IA pode identificar padrões e criar segmentos de público muito mais detalhados e precisos. Em vez de apenas separar seus clientes em categorias amplas, como "jovens" e "adultos", a IA pode encontrar subgrupos mais específicos, como "jovens adultos que amam tecnologia" ou "adultos interessados em produtos sustentáveis". Isso significa que suas campanhas de marketing podem ser muito mais direcionadas e relevantes para cada grupo.

Além disso, a IA permite personalizar suas mensagens de forma automática. Se você sabe que um cliente está interessado em um tipo específico de produto, a IA pode garantir que ele receba ofertas e informações relacionadas a esse interesse. Isso aumenta a probabilidade de que o cliente se envolva com a sua marca e faça uma compra.

A IA também ajuda a prever o comportamento futuro dos clientes com base no que eles fizeram no passado. Se um cliente mostrou interesse em determinados produtos ou comportamentos, a IA pode antecipar o que ele pode querer no futuro e ajustar suas campanhas de marketing para se antecipar a essas necessidades.

Em resumo, usar a IA para segmentação de público torna suas campanhas de marketing muito mais eficientes e personalizadas. Em vez de enviar a mesma mensagem para todos, você pode alcançar cada cliente com ofertas e informações que realmente importam para ele, o que pode levar a melhores resultados e maior satisfação dos clientes.

"A segmentação precisa é a chave para o marketing eficaz. A IA permite que entendamos nossos clientes de uma forma mais profunda e personalizada, algo que antes era impossível com métodos tradicionais. Com a inteligência artificial, podemos criar experiências de marketing que são verdadeiramente relevantes e impactantes para cada indivíduo." — Seth Godin, autor e especialista em marketing.

PERSONALIZAÇÃO DE CAMPANHAS DE MARKETING

A personalização de campanhas de marketing é uma estratégia que visa criar mensagens e ofertas que falem diretamente para as necessidades e interesses individuais de cada cliente. Como citado anteriormente, em vez de enviar a mesma mensagem genérica para todos, a personalização usa informações sobre os clientes para tornar as campanhas mais relevantes e atraentes para cada pessoa.

Imagine que você tem uma loja online que vende uma variedade de produtos, desde roupas e acessórios até eletrônicos e utensílios domésticos. Se você apenas enviasse um e-mail promocional com uma oferta geral, muitos dos seus clientes poderiam achar a mensagem irrelevante, porque ela não corresponde aos seus interesses específicos. A personalização ajuda a resolver esse problema.

Usando ferramentas de Inteligência Artificial (IA), você pode analisar dados sobre os clientes, como suas compras passadas, páginas visitadas no site, e até mesmo interações com campanhas anteriores. Com essas informações, a IA pode ajudar a criar campanhas de marketing que são ajustadas para cada cliente individualmente. Por exemplo, se um cliente costuma comprar produtos de tecnologia, você pode enviar ofertas especiais sobre os últimos gadgets e eletrônicos. Se outro cliente está interessado em moda, suas campanhas podem destacar as últimas tendências e novas coleções.

Além disso, a IA pode ajudar a personalizar o momento e o canal da comunicação. Se você sabe que um cliente abre seus e-mails de manhã, você pode programar suas campanhas para serem enviadas nesse horário específico.

Da mesma forma, se um cliente prefere receber mensagens via redes sociais em vez de e-mail, a IA pode direcionar as campanhas para esses canais.

A personalização também pode se estender para o conteúdo das mensagens. Com a IA, você pode criar e-mails, anúncios e postagens em redes sociais que falam diretamente sobre os interesses e comportamentos dos clientes. Por exemplo, em vez de uma oferta geral de 10% de desconto, você pode oferecer um desconto especial em um produto que o cliente tenha mostrado interesse anteriormente. Isso faz com que a mensagem pareça mais pessoal e relevante, aumentando a probabilidade de que o cliente se envolva e faça uma compra.

Em resumo, a personalização de campanhas de marketing, facilitada pela IA, é uma maneira eficaz de tornar suas comunicações mais relevantes e direcionadas. Ao entender melhor os interesses e comportamentos de seus clientes, você pode criar campanhas que realmente falam com eles, melhorando a experiência do cliente e, consequentemente, os resultados de suas campanhas.

ANÁLISE PREDITIVA PARA TENDÊNCIAS DE CONSUMO

A análise preditiva é uma ferramenta poderosa que usa dados para prever o que pode acontecer no futuro. No contexto de marketing, essa técnica é usada para identificar tendências de consumo antes que elas se tornem óbvias. Isso significa que, em vez de reagir às mudanças de mercado depois que elas acontecem, você pode se antecipar e ajustar suas estratégias para aproveitar as novas oportunidades.

Vamos imaginar que você tenha uma loja de roupas e queira saber quais tipos de roupas serão populares na próxima temporada. Em vez de adivinhar com base apenas em tendências passadas ou nas preferências atuais, a análise preditiva usa dados históricos de vendas, informações sobre o comportamento dos clientes e até mesmo dados externos, como eventos sazonais ou mudanças econômicas, para prever quais estilos e produtos vão ganhar destaque.

Como isso funciona na prática? Primeiro, você coleta e organiza uma grande quantidade de dados. Esses dados podem incluir o histórico de compras dos clientes, as preferências de estilo, as tendências de mercado e outros fatores relevantes. A seguir, algoritmos de IA analisam esses dados para identificar padrões e relacionamentos que podem não ser visíveis a olho nu.

Com base nessa análise, a IA pode gerar previsões sobre quais produtos ou estilos terão alta demanda. Por exemplo, se a análise mostra que um determinado tipo de vestido tem sido popular entre um grupo específico de clientes e que as vendas desse tipo de vestido aumentaram constantemente nos últimos meses, você pode se preparar para aumentar o estoque desse produto ou lançar novas coleções relacionadas.

Além disso, a análise preditiva pode ajudar a identificar novas tendências antes que elas se tornem mainstream. Se a IA detectar um aumento crescente no interesse por um tipo de produto ou estilo, mesmo que ainda não esteja amplamente disponível no mercado, você pode ser um dos primeiros a oferecer esse produto, ganhando uma vantagem competitiva.

Outra aplicação útil é no planejamento de campanhas de marketing. Com base nas previsões, você pode criar campanhas direcionadas que se alinhem com as futuras tendências de consumo. Isso significa que suas campanhas estarão preparadas para captar o interesse do consumidor no momento certo, quando a demanda por certos produtos ou serviços estiver em alta.

Em resumo, a análise preditiva para tendências de consumo permite que você se adiante às mudanças do mercado, tome decisões mais informadas e melhore suas estratégias de marketing. Ao entender e antecipar o que os consumidores querem antes mesmo de eles perceberem, você pode oferecer produtos e campanhas que atendam às suas necessidades futuras e se destaque no mercado.

ATENDIMENTO AO CLIENTE COM IA

IMPLEMENTAÇÃO DE CHATBOTS E ASSISTENTES VIRTUAIS

A implementação de chatbots e assistentes virtuais é uma das formas mais inovadoras e eficazes de melhorar o atendimento ao cliente usando Inteligência Artificial. Esses sistemas estão se tornando cada vez mais comuns e podem transformar a maneira como as empresas interagem com seus clientes, tornando o atendimento mais rápido e eficiente.

Como já comentamos anteriormente, Chatbots são programas de computador projetados para simular uma conversa com seres humanos. Eles podem ser integrados a sites, aplicativos de mensagens e redes sociais, permitindo que as empresas ofereçam suporte ao cliente 24 horas por dia, 7 dias por semana. Quando um cliente entra em contato com o chatbot, ele responde automaticamente a perguntas frequentes, fornece informações sobre produtos e serviços, e até ajuda a resolver problemas comuns. Por exemplo, se um cliente pergunta sobre o status de um pedido, o chatbot pode acessar o sistema da empresa e fornecer uma atualização instantânea.

Os assistentes virtuais, por outro lado, são um pouco mais avançados e podem realizar tarefas mais complexas. Além de responder a perguntas, eles podem agendar compromissos, fazer reservas e até realizar transações. Esses assistentes são projetados para entender e processar uma variedade maior de solicitações e podem aprender com as interações para melhorar continuamente seu desempenho. Por exemplo, um assistente virtual pode ajudar a marcar uma reunião, enviar lembretes e até ajustar a agenda com base nas preferências do usuário.

A implementação desses sistemas traz vários benefícios para as empresas. Primeiro, eles ajudam a reduzir o tempo de espera para os clientes. Em vez de ficar na linha ou aguardar uma resposta por e-mail, os clientes recebem respostas quase instantaneamente. Isso não só melhora a satisfação do cliente, mas também permite que as equipes de atendimento se concentrem em problemas mais complexos que precisam de uma atenção mais personalizada.

Além disso, chatbots e assistentes virtuais podem lidar com um grande volume de interações simultaneamente, o que é especialmente útil em períodos de alta demanda. Eles também podem coletar dados valiosos sobre as perguntas e problemas mais comuns dos clientes, fornecendo insights que ajudam a melhorar produtos e serviços.

A integração de chatbots e assistentes virtuais pode ser personalizada para se alinhar com a identidade da marca e o estilo de comunicação da empresa. Eles podem ser programados para usar uma linguagem amigável e responder de uma maneira que ressoe com os clientes.

Em resumo, a implementação de chatbots e assistentes virtuais oferece uma maneira eficaz de melhorar o atendimento ao cliente, tornando-o mais rápido e acessível. Ao automatizar tarefas rotineiras e fornecer suporte contínuo, essas ferramentas ajudam as empresas a atender melhor seus clientes e a otimizar suas operações.

BENEFÍCIOS DA AUTOMAÇÃO NO ATENDIMENTO AO CLIENTE

A automação no atendimento ao cliente está revolucionando a forma como as empresas interagem com seus clientes. Com o uso de ferramentas automatizadas, as empresas conseguem oferecer um atendimento mais ágil, preciso e eficiente, trazendo uma série de benefícios tanto para os clientes quanto para as empresas.

Um dos principais benefícios da automação é a redução do tempo de resposta. Em vez de esperar por um atendente humano, que pode estar ocupado com outras tarefas, os sistemas automatizados conseguem fornecer respostas imediatas para perguntas comuns. Isso é especialmente útil para resolver dúvidas simples ou fornecer informações básicas, como horários de funcionamento ou detalhes sobre produtos. Com menos tempo de espera, a experiência do cliente se torna muito mais satisfatória.

Outro benefício importante é a capacidade de atender a um grande volume de interações simultaneamente. Enquanto um atendente humano pode lidar com apenas uma conversa por vez, sistemas automatizados, como chatbots, podem conversar com muitos clientes ao mesmo tempo. Isso significa que, durante períodos de alta demanda, como campanhas promocionais ou eventos especiais, a empresa pode manter um bom nível de atendimento sem sobrecarregar sua equipe.

A automação também libera a equipe de atendimento para se concentrar em questões mais complexas. Com as tarefas rotineiras e perguntas frequentes sendo gerenciadas automaticamente, os atendentes podem focar em problemas que exigem um toque mais humano e especializado. Isso melhora a eficiência geral da equipe e a qualidade do atendimento para questões que realmente precisam de uma solução personalizada.

Além disso, a automação permite um atendimento contínuo. Sistemas automatizados podem funcionar 24 horas por dia, 7 dias por semana, o que é uma grande vantagem para empresas com clientes em diferentes fusos horários. Isso garante que os clientes possam obter suporte sempre que precisarem, sem restrições de horário.

Outro benefício relevante é a coleta e análise de dados. As ferramentas de automação podem registrar interações e feedback dos clientes, fornecendo dados valiosos sobre suas preferências e comportamentos. Esses dados podem ser usados para ajustar estratégias de atendimento, identificar áreas de melhoria e oferecer um serviço cada vez mais alinhado com as expectativas dos clientes.

Por fim, a automação contribui para uma experiência de atendimento mais consistente. Sistemas automatizados seguem regras e processos definidos, o que garante que todos os clientes recebam o mesmo nível de qualidade no atendimento. Isso ajuda a manter a uniformidade e a confiabilidade no suporte oferecido pela empresa.

MEDINDO A EFICÁCIA DO ATENDIMENTO COM IA

Medir a eficácia do atendimento ao cliente com IA é essencial para garantir que essas tecnologias estejam realmente melhorando a experiência do cliente e atingindo os objetivos da empresa. Para fazer isso de maneira eficaz, é importante acompanhar e analisar uma série de indicadores-chave.

Um dos principais aspectos a ser monitorado é o tempo de resposta. Com a automação, a expectativa é que os clientes recebam respostas mais rápidas para suas perguntas. Portanto, é importante medir o tempo médio que os sistemas de IA levam para fornecer uma resposta e comparar isso com o tempo de resposta anterior ao uso da IA. Se os tempos de resposta estão diminuindo, é um sinal de que a automação está funcionando como esperado.

Outro ponto crucial é o nível de satisfação do cliente. Para avaliar isso, você pode usar pesquisas de satisfação que os clientes preenchem após interações com o atendimento automatizado. Perguntas como " O atendimento atendeu suas expectativas?" ou "Como você avaliaria a eficiência do sistema?" ajudam a entender se os clientes estão satisfeitos com a qualidade do atendimento que estão recebendo. Analisar essas respostas pode revelar se a IA está realmente ajudando ou se há áreas que precisam de melhorias.

Além disso, é útil avaliar a taxa de resolução de problemas. Isso significa verificar quantas solicitações ou problemas foram resolvidos de forma satisfatória pela IA sem necessidade de intervenção humana adicional. Uma alta taxa de resolução indica que a IA está sendo eficaz em lidar com as questões comuns, enquanto uma baixa taxa pode sugerir que o sistema precisa de ajustes ou melhorias.

A precisão das respostas também é um indicador importante. A IA deve fornecer respostas corretas e relevantes para as perguntas dos clientes. Monitorar a precisão das respostas e comparar com o feedback dos clientes ajuda a identificar se a IA está compreendendo corretamente as perguntas e fornecendo as informações adequadas.

Outro aspecto a ser considerado é o impacto na carga de trabalho da equipe de atendimento. A automação deve aliviar a carga dos atendentes humanos, permitindo que eles se concentrem em questões mais complexas. Avaliar como a carga de trabalho mudou desde a implementação da IA pode ajudar a medir se a automação está atingindo seu objetivo de tornar o atendimento mais eficiente.

Por último, é importante monitorar a taxa de engajamento com as ferramentas de IA. Isso inclui verificar quantos clientes estão utilizando o chatbot ou assistente virtual e se eles estão interagindo regularmente com essas ferramentas. Uma alta taxa de engajamento pode indicar que os clientes estão achando a IA útil e acessível.

IA PARA GERENCIAMENTO DE ESTOQUE

PREVISÃO DE DEMANDA COM IA

Prever a demanda é um desafio crucial para qualquer empresa que trabalha com estoque. A previsão de demanda com Inteligência Artificial (IA) está transformando a maneira como as empresas lidam com essa tarefa, tornando o processo mais preciso e eficiente.

Tradicionalmente, prever a demanda envolvia analisar dados históricos e usar métodos estatísticos para estimar quantos produtos seriam necessários em um determinado período. Esse processo pode ser complexo e muitas vezes não leva em conta todas as variáveis que podem afetar a demanda, como mudanças no mercado ou tendências sazonais. Com a IA, esse processo se torna muito mais avançado e eficaz.

A IA usa algoritmos sofisticados para analisar grandes quantidades de dados rapidamente. Esses dados podem incluir não apenas o histórico de vendas, mas também informações sobre tendências de mercado, comportamento do consumidor, dados econômicos e até eventos externos, como feriados ou lançamentos de novos produtos. Com todas essas informações, a IA consegue identificar padrões e prever com mais precisão o que acontecerá no futuro.

Um dos grandes benefícios da previsão de demanda com IA é a sua capacidade de adaptar-se a mudanças rápidas. Por exemplo, se há uma mudança repentina na preferência dos consumidores ou um aumento inesperado na popularidade de um produto, a IA pode rapidamente ajustar suas previsões para refletir essas novas informações. Isso ajuda a evitar situações em que você fique com estoque em excesso ou com falta de produtos, o que pode afetar suas vendas e satisfação do cliente.

Além disso, a IA pode melhorar a eficiência operacional. Com previsões mais precisas, as empresas podem planejar melhor suas compras e gerenciamento de estoque, reduzindo custos relacionados a armazenamento e desperdício. Isso significa que você pode manter um estoque mais equilibrado, minimizando o risco de ter produtos demais ou de menos.

Outro ponto importante é que a IA pode considerar múltiplos fatores simultaneamente. Enquanto os métodos tradicionais de previsão podem focar em um número limitado de variáveis, a IA pode analisar muitos fatores ao mesmo tempo. Isso proporciona uma visão mais completa e detalhada da demanda, permitindo uma tomada de decisão mais informada.

COMO A PREVISÃO DE DEMANDA COM IA É UTILIZADA NA PRÁTICA

A previsão de demanda com IA não é apenas uma teoria avançada; ela tem aplicações práticas que podem transformar a maneira como as empresas gerenciam seus estoques e operações. A seguir destacamos algumas maneiras concretas de como isso pode ser utilizado na prática.

Análise de Dados Históricos e Tendências

Empresas podem usar a IA para analisar dados históricos de vendas, como a quantidade de produtos vendidos em diferentes épocas do ano, promoções realizadas e padrões de compra dos clientes. Por exemplo, uma loja de roupas pode usar IA para identificar que determinados estilos de roupas têm uma demanda maior durante a primavera. Com base nesse histórico, a IA pode prever quais itens terão maior demanda na próxima temporada e ajudar a empresa a se preparar adequadamente.

Incorporação de Dados Externos: A IA pode integrar dados externos, como informações sobre eventos sazonais, tendências de mercado e até mesmo dados climáticos. Por exemplo, uma empresa que vende roupas de inverno pode usar dados climáticos para prever picos de demanda em dias frios ou após uma previsão de nevasca. Além disso, a IA pode levar em conta eventos locais, como festivais ou feriados, que podem influenciar as compras.

Resposta a Mudanças no Mercado: A flexibilidade da IA permite que as empresas reajam rapidamente a mudanças inesperadas no mercado. Por exemplo, se uma tendência repentina surge nas redes sociais e um produto se torna viral, a IA pode ajustar suas previsões de demanda para refletir esse aumento repentino na popularidade. Isso permite que a empresa se ajuste rapidamente e evite a escassez de estoque.

Otimização de Inventário: Com previsões mais precisas, as empresas podem otimizar seus níveis de estoque. Isso significa que elas podem manter a quantidade certa de produtos disponíveis, evitando tanto o excesso de estoque quanto a falta dele. Por exemplo, um supermercado pode usar IA para prever a demanda por produtos frescos como frutas e vegetais, ajudando a garantir que esses itens sejam reabastecidos no momento certo, sem causar desperdício.

Planejamento de Promoções e Lançamentos: A previsão de demanda com IA também pode ser usada para planejar promoções e lançamentos de novos produtos. Se a IA prevê um aumento na demanda para um produto específico, a empresa pode planejar uma promoção ou um lançamento em um momento estratégico para maximizar as vendas. Por exemplo, uma loja de eletrônicos pode usar previsões de demanda para lançar uma campanha promocional antes do lançamento de um novo gadget popular.

Gerenciamento da Cadeia de Suprimentos: A IA pode melhorar a coordenação com fornecedores e parceiros logísticos. Ao prever com precisão a demanda futura, uma empresa pode comunicar melhor suas necessidades aos fornecedores e garantir que a cadeia de suprimentos esteja alinhada com as previsões. Isso ajuda a minimizar atrasos e melhorar a eficiência no processo de reabastecimento.

Redução de Custos: Com previsões mais precisas, as empresas podem reduzir os custos associados ao excesso de estoque, como armazenamento e obsolescência. Ao evitar a compra excessiva de produtos que não serão vendidos, a empresa pode economizar dinheiro e melhorar sua margem de lucro.

Otimização de inventário

A otimização de inventário é essencial para qualquer empresa que deseja manter o equilíbrio perfeito entre a oferta e a demanda, evitando excessos e faltas de produtos. A Inteligência Artificial (IA) está revolucionando essa área ao oferecer soluções mais precisas e eficientes para gerenciar o estoque.

Com o uso de IA, as empresas conseguem prever a demanda de maneira muito mais precisa. A tecnologia analisa grandes quantidades de dados históricos de vendas, tendências de mercado e comportamentos dos clientes para prever o que será necessário no futuro. Por exemplo, uma loja de eletrônicos pode usar a IA para antecipar a demanda por um novo modelo de smartphone, ajustando seu inventário para evitar tanto a falta quanto o excesso de produtos.

Além disso, a IA automatiza o processo de reabastecimento. Ela monitora continuamente os níveis de estoque e, quando um item atinge um nível baixo, a IA gera automaticamente uma ordem de compra para reabastecer o estoque. Isso reduz a necessidade de intervenção manual e garante que os produtos estejam sempre disponíveis para os clientes.

A IA também lida de forma eficaz com produtos em lote, ajudando a rotacionar itens para evitar a obsolescência. Para produtos com data de validade, como alimentos e cosméticos, a IA pode garantir que os itens mais antigos sejam vendidos primeiro, reduzindo o risco de desperdício e mantendo o estoque sempre fresco.

Além de prever a demanda, a IA analisa os padrões de vendas para identificar quais produtos estão indo bem e quais não estão. Com essas informações, é possível ajustar as compras futuras e alocar o espaço de armazenamento de maneira mais eficiente. Por exemplo, se um produto específico está vendendo rapidamente, a IA pode recomendar dedicar mais espaço de prateleira para esse item.

Manter um estoque excessivo pode resultar em altos custos de armazenamento e aumentar o risco de produtos obsoletos. A IA ajuda a minimizar esses custos ao ajustar o inventário para refletir com precisão a demanda prevista. Isso significa menos dinheiro amarrado em estoque desnecessário e mais recursos disponíveis para outras áreas do negócio.

A IA também se adapta a flutuações sazonais e eventos imprevistos. Durante períodos como as festas de fim de ano, quando a demanda pode aumentar, a IA ajusta as previsões e o inventário para lidar com o aumento temporário. Isso garante que a empresa esteja bem preparada para atender à demanda extra durante esses períodos.

Finalmente, a IA monitora constantemente o desempenho do inventário e faz ajustes conforme necessário. Se um item não está vendendo conforme o esperado, a IA pode identificar o problema e sugerir alterações na estratégia de preços ou promoções para melhorar as vendas e ajustar o estoque.

Em suma, a otimização de inventário com IA permite que as empresas gerenciem seus estoques de maneira mais eficiente e inteligente. Com previsões mais precisas, reabastecimento automático e a capacidade de adaptar-se rapidamente às mudanças, as empresas podem reduzir custos, evitar excessos e faltas e melhorar a satisfação dos clientes, mantendo um inventário bem equilibrado e eficiente.

Redução de custos operacionais

A Inteligência Artificial (IA) está transformando a forma como as empresas gerenciam seus estoques, trazendo melhorias significativas na redução de custos operacionais. Essa tecnologia permite que as empresas façam ajustes mais precisos e eficientes no seu gerenciamento de inventário, com impactos diretos na economia e na operação.

Ao adotar IA, as empresas conseguem enfrentar o desafio de manter o equilíbrio ideal entre oferta e demanda com muito mais eficiência.

A tecnologia de IA também facilita o gerenciamento do ciclo de vida dos produtos, evitando que permaneçam por muito tempo no estoque e percam valor, especialmente no caso de itens com validade ou em setores onde a inovação é rápida. A IA ajuda a evitar a acumulação desnecessária de produtos, ajustando as compras de forma a minimizar a obsolescência e, consequentemente, as perdas financeiras.

Outra maneira significativa pela qual a IA reduz custos é na otimização das ordens de compra. A tecnologia fornece uma visão detalhada das necessidades futuras, ajudando a evitar compras emergenciais, que frequentemente envolvem custos mais altos. Ao fazer pedidos com base em previsões precisas, as empresas conseguem negociar melhores condições com fornecedores e gerenciar melhor os custos de aquisição.

A automação é outro benefício crucial trazido pela IA. Processos que antes exigiam supervisão constante agora podem ser automatizados, como o monitoramento e o ajuste dos níveis de estoque. Isso não só economiza tempo e reduz a carga de trabalho manual, mas também permite que a equipe se concentre em atividades mais estratégicas, aumentando a produtividade e reduzindo custos relacionados ao pessoal.

Além disso, a IA melhora a precisão na gestão do estoque, evitando erros comuns como subestimações ou superestimações da demanda. Erros desse tipo podem resultar em custos adicionais, como ajustes de última hora ou promoções não planejadas. A IA proporciona uma abordagem baseada em dados para minimizar esses erros e garantir que as decisões sobre o estoque sejam fundamentadas em informações robustas e confiáveis.

Com todas essas melhorias, a IA contribui significativamente para a redução dos custos operacionais no gerenciamento de estoque, proporcionando uma operação mais ágil e financeiramente eficiente. A tecnologia permite que as empresas mantenham níveis ideais de inventário, reduzam desperdícios e aproveitem melhor seus recursos, resultando em uma gestão de estoque mais econômica e eficaz.

CAPÍTULO 5
ANALISANDO E INTERPRETANDO RESULTADOS

MÉTRICAS E INDICADORES DE DESEMPENHO

INDICADORES DE PERFORMANCE – KPIS (KEY PERFORMANCE INDICATORS)

Quando se implementa Inteligência Artificial (IA) em um negócio, é essencial acompanhar o desempenho para garantir que a tecnologia esteja trazendo os resultados esperados. Para isso, o uso de KPIs é fundamental, pois tais indicadores ajudam a medir a eficácia da IA e a identificar áreas que precisam de ajustes.

Um dos KPIs mais importantes é o Retorno sobre Investimento (ROI). O ROI mede o retorno financeiro gerado pela implementação da IA em relação ao custo de sua implementação. Para calcular o ROI, você compara o lucro adicional gerado pela IA com o custo total de sua implementação. Um ROI positivo indica que a IA está contribuindo de forma eficaz para o aumento dos lucros.

Outro KPI relevante é o Tempo de Resolução. Esse indicador avalia a rapidez com que a IA consegue resolver problemas ou completar tarefas. Em sistemas de atendimento ao cliente, por exemplo, um tempo de resolução mais curto significa que a IA está ajudando a resolver questões mais rapidamente, melhorando a experiência do cliente e aumentando a eficiência operacional.

A Precisão dos Modelos é outro KPI crucial, especialmente em aplicações como previsão de demanda ou reconhecimento de padrões. Medir a precisão envolve verificar o quanto os resultados gerados pela IA estão alinhados com a realidade. Uma alta precisão significa que a IA está fazendo previsões ou classificações de maneira confiável, o que é essencial para decisões baseadas em dados.

Taxa de Adoção é um KPI que mostra o quão bem a IA está sendo recebida e utilizada pelos usuários finais. Essa taxa é medida observando o número de usuários que interagem com a solução de IA em relação ao número total de usuários esperados. Uma alta taxa de adoção indica que a IA está integrada de forma eficaz nos processos de trabalho e está sendo bem aceita pelos funcionários.

A Redução de Erros é um indicador que avalia a capacidade da IA de minimizar erros em comparação com processos manuais. Se a IA está reduzindo o número de erros, isso geralmente significa que ela está melhorando a precisão e a consistência das operações. A monitorização da redução de erros ajuda a demonstrar o impacto positivo da IA em processos que antes eram propensos a falhas.

Engajamento do Cliente também é um KPI importante para sistemas que interagem diretamente com os clientes, como chatbots ou assistentes virtuais. Esse indicador mede a frequência e a profundidade das interações entre a IA e os clientes. Um maior engajamento geralmente indica que a IA está proporcionando um valor significativo e melhorando a experiência do cliente.

Finalmente, o Custo de Operação é um KPI que avalia quanto está sendo gasto para manter e operar a solução de IA. Reduzir o custo de operação enquanto mantém ou melhora a eficácia é um sinal de que a IA está sendo gerida de forma eficiente. Isso inclui custos com manutenção, treinamento e qualquer outro gasto relacionado à operação da IA.

Acompanhando esses KPIs, as empresas podem obter uma visão clara do sucesso da implementação da IA. Esses indicadores fornecem uma visão prática de como a tecnologia está afetando o desempenho e permitem ajustes para maximizar os benefícios da IA.

FERRAMENTAS PARA ANÁLISE DE DADOS

No mundo dos negócios, a análise de dados é uma parte crucial para tomar decisões informadas e estratégicas. Com a crescente quantidade de dados disponíveis, contar com as ferramentas certas pode fazer toda a diferença na forma como essas informações são interpretadas e usadas para impulsionar o sucesso. Várias ferramentas estão disponíveis para ajudar empresas a transformar dados brutos em insights valiosos.

Uma das ferramentas mais conhecidas para análise de dados é o Microsoft Excel. Embora seja uma solução mais tradicional, o Excel oferece uma ampla gama de funções para organizar, visualizar e analisar dados. Com suas tabelas dinâmicas e gráficos, o Excel permite criar relatórios detalhados e análises estatísticas, o que o torna uma opção popular entre empresas de todos os tamanhos.

Para uma análise mais avançada e visualização de dados, o Tableau é uma excelente escolha. O Tableau é uma ferramenta de visualização que permite criar gráficos interativos e dashboards que ajudam a entender grandes volumes de dados de maneira intuitiva. Sua capacidade de conectar-se a várias fontes de dados e criar representações visuais dinâmicas facilita a interpretação de informações complexas.

Outra ferramenta amplamente utilizada é o Power BI, desenvolvido pela Microsoft. O Power BI é uma plataforma de análise de negócios que oferece relatórios interativos e dashboards. Ele permite integrar dados de diversas fontes, criar visualizações customizadas e compartilhar insights com a equipe. É especialmente útil para empresas que já utilizam outras ferramentas da Microsoft, como o Office 365.

Para quem busca uma solução de código aberto, o Google Data Studio é uma alternativa valiosa. Ele oferece a capacidade de criar relatórios e dashboards interativos, além de se integrar facilmente com outras ferramentas do Google, como o Google Analytics e o Google Sheets. O Data Studio é acessível e fácil de usar, tornando-o ideal para empresas que precisam de uma solução econômica para visualização de dados.

Além dessas opções, R e Python são linguagens de programação muito populares entre os analistas de dados. Ambas oferecem pacotes e bibliotecas poderosos para análise estatística e modelagem preditiva. R é conhecido por suas capacidades estatísticas avançadas, enquanto Python, com suas bibliotecas como Pandas e Matplotlib, é valorizado por sua versatilidade e ampla aplicação em diferentes áreas de análise de dados.

Para análises mais complexas e big data, ferramentas como o Apache Hadoop e o Spark são essenciais. O Hadoop é uma plataforma que permite o processamento de grandes volumes de dados distribuídos por várias máquinas, enquanto o Spark oferece uma alternativa mais rápida e eficiente para processamento em tempo real. Essas ferramentas são ideais para empresas que lidam com grandes quantidades de dados e precisam de soluções escaláveis.

Cada uma dessas ferramentas tem suas próprias forças e é adequada para diferentes tipos de análise e tamanhos de dados. Escolher a ferramenta certa depende das necessidades específicas da sua empresa, do volume de dados que você está analisando e dos tipos de insights que você deseja obter.

Em suma, as ferramentas para análise de dados ajudam a transformar informações brutas em insights acionáveis. Desde soluções tradicionais como o Excel até plataformas avançadas como o Tableau e linguagens de programação como R e Python, cada ferramenta oferece funcionalidades que podem ser adaptadas às necessidades de análise da sua empresa. Escolher a ferramenta certa é fundamental para garantir que você possa interpretar dados de maneira eficaz e tomar decisões baseadas em informações precisas e relevantes.

COMO AJUSTAR ESTRATÉGIAS COM BASE NOS RESULTADOS

Ajustar estratégias com base nos resultados é fundamental para garantir que suas ações estejam alinhadas com os objetivos da empresa e impulsionem o sucesso. Após coletar e analisar dados, o próximo passo é usar essas informações para aprimorar suas estratégias e obter melhores resultados.

Comece entendendo claramente o que as métricas e indicadores de desempenho estão revelando sobre o desempenho atual. Se, por exemplo, uma campanha de marketing está mostrando um baixo retorno sobre o investimento (ROI), isso indica que a estratégia pode precisar de ajustes. Identificar quais áreas estão funcionando e quais não estão é essencial para saber onde focar as mudanças.

Com essas informações em mãos, revise a estratégia atual. Isso pode envolver ajustar táticas, revisar metas ou até mesmo mudar de abordagem. Se os dados mostrarem que uma estratégia de marketing não está alcançando o público-alvo desejado, pode ser necessário modificar a segmentação ou experimentar novos canais de comunicação.

As mudanças devem ser guiadas por dados concretos, não por suposições. Por exemplo, se a análise indicar que seu público responde melhor a conteúdos visuais, considere investir mais em vídeos e infográficos em vez de textos extensos. Usar resultados reais para orientar as decisões garante que os ajustes sejam eficazes.

Estabeleça um ciclo contínuo de feedback para avaliar o impacto das mudanças implementadas. Após ajustar a estratégia, continue monitorando os resultados para verificar se as alterações estão gerando os efeitos esperados. Se as melhorias não forem satisfatórias, pode ser necessário ajustar ainda mais ou explorar outras abordagens.

Manter uma comunicação clara com sua equipe é crucial. Certifique-se de que todos envolvidos na execução da estratégia compreendam as mudanças e os motivos por trás delas. Isso ajuda a garantir que as novas diretrizes sejam seguidas corretamente e que todos estejam alinhados com os novos objetivos.

Lembre-se de que ajustar estratégias deve ser um processo contínuo. O ambiente de negócios está sempre mudando, e o que funciona hoje pode não ser tão eficaz amanhã. Estar atento aos resultados e disposto a fazer ajustes rápidos é essencial para que sua empresa continue se adaptando e prosperando.

MELHORANDO CONTINUAMENTE COM IA

FEEDBACK LOOPS E APRENDIZADO CONTÍNUO

Integrar feedback loops e aprendizado contínuo é essencial para maximizar os benefícios da Inteligência Artificial (IA) e garantir que suas soluções evoluam e melhorem com o tempo. Esses conceitos são fundamentais para adaptar a IA às mudanças nas necessidades e nas condições do mercado.

Um feedback loop é um processo pelo qual as informações sobre o desempenho de uma IA são continuamente alimentadas de volta ao sistema. Isso permite que a IA use esses dados para ajustar e melhorar suas operações. Por exemplo, em um sistema de recomendação de produtos, o feedback dos usuários sobre quais itens foram clicados ou comprados pode ser usado para refinar as sugestões futuras. Cada interação fornece dados que ajudam a IA a entender melhor as preferências dos clientes e a ajustar suas recomendações de acordo.

O aprendizado contínuo é a prática de atualizar constantemente o modelo de IA com novos dados para melhorar sua precisão e eficácia. Em vez de depender apenas dos dados iniciais com os quais o sistema foi treinado, a IA continua a aprender com novas informações à medida que elas se tornam disponíveis. Isso é crucial para lidar com mudanças no comportamento dos usuários ou nas tendências de mercado. Por exemplo, se um comportamento de compra muda devido a uma nova tendência, o sistema de IA pode adaptar-se rapidamente para refletir essas mudanças e fornecer insights ou recomendações mais relevantes.

Para implementar feedback loops e aprendizado contínuo com eficácia, é necessário estabelecer um sistema que colete e analise dados de forma consistente. Isso envolve a criação de mecanismos para capturar feedback dos usuários, monitorar o desempenho da IA e identificar áreas de melhoria. Com esses dados, a IA pode ser ajustada e treinada para enfrentar novos desafios e oportunidades.

Além disso, é importante revisar e atualizar periodicamente os algoritmos e os modelos usados pela IA. À medida que novos dados são incorporados, os modelos podem precisar ser recalibrados para refletir as mudanças nas condições e nas expectativas. Isso garante que a IA continue a oferecer resultados precisos e relevantes.

O processo de feedback e aprendizado contínuo não é apenas sobre ajustar a tecnologia, mas também sobre entender e antecipar as necessidades dos usuários. À medida que a IA coleta feedback, ela deve ser capaz de identificar padrões e tendências que podem informar novas estratégias e melhorias.

Feedback loops e aprendizado contínuo são fundamentais para garantir que a IA se mantenha eficaz e relevante. Esses processos permitem que a tecnologia evolua com o tempo, adaptando-se a novas informações e mudanças nas necessidades, o que resulta em soluções mais precisas e úteis para os negócios e seus clientes.

ATUALIZAÇÃO E MANUTENÇÃO DOS SISTEMAS DE IA

Manter os sistemas de Inteligência Artificial (IA) atualizados e bem mantidos é essencial para garantir que eles continuem funcionando corretamente e oferecendo resultados precisos. À medida que o ambiente de negócios e as necessidades dos usuários mudam, os sistemas de IA precisam evoluir para se manterem eficazes.

Atualizar um sistema de IA significa incorporar novos dados e ajustar algoritmos para melhorar seu desempenho. À medida que novas informações se tornam disponíveis, o sistema deve ser alimentado com esses dados atualizados para refinar suas previsões e decisões. Por exemplo, se um modelo de IA é usado para prever tendências de mercado, ele deve ser atualizado regularmente com dados recentes para que suas previsões se baseiem nas informações mais atuais.

Manter um sistema de IA também envolve a revisão constante dos algoritmos para identificar e corrigir problemas. Algoritmos podem se tornar desatualizados ou ineficazes com o tempo, e ajustes são necessários para resolver quaisquer deficiências. Monitorar o desempenho do sistema ajuda a identificar essas necessidades de ajuste.

Além disso, a infraestrutura que suporta a IA precisa ser atualizada para garantir que o sistema funcione de forma eficiente e segura. Com o avanço da tecnologia, novos recursos e melhorias são frequentemente introduzidos. Atualizar hardware e software pode melhorar a capacidade de processamento e a segurança do sistema.

A proteção contra problemas de segurança também é uma parte crítica da manutenção. À medida que a IA lida com dados sensíveis, é crucial implementar medidas de segurança para proteger contra-ataques e vazamentos de dados. Atualizações regulares de segurança e monitoramento constante ajudam a proteger o sistema contra possíveis vulnerabilidades.

Manter a equipe envolvida na operação da IA informada sobre as melhores práticas e novas tecnologias também é fundamental. Isso garante que os profissionais possam utilizar as inovações mais recentes e aplicar novos conhecimentos para otimizar o sistema.

Portanto, a atualização e manutenção dos sistemas de IA envolvem a incorporação de novos dados, revisão dos algoritmos, atualização da infraestrutura e proteção contra problemas de segurança. Essas práticas são necessárias para garantir que a IA continue a oferecer resultados valiosos e permaneça relevante à medida que o ambiente de negócios e as necessidades dos usuários mudam.

PLANEJAMENTO PARA O FUTURO COM IA

Planejar o futuro com a ajuda da Inteligência Artificial (IA) oferece uma abordagem proativa e estratégica para enfrentar as mudanças e aproveitar novas oportunidades. Utilizando a IA, as empresas podem não apenas reagir às condições atuais, mas também antecipar tendências e preparar-se para o que está por vir.

A IA tem a capacidade de analisar grandes volumes de dados e identificar padrões que podem passar despercebidos. Com essa análise, é possível prever tendências de mercado e mudanças no comportamento dos consumidores. Por exemplo, uma empresa pode usar IA para examinar dados históricos e detectar sinais de novas demandas ou preferências emergentes. Isso permite que a empresa ajuste suas ofertas e estratégias antes que as mudanças se tornem evidentes para a concorrência.

Além disso, a IA pode ajudar na alocação eficiente de recursos. Por meio de modelos preditivos, as empresas podem simular diferentes cenários futuros e avaliar o impacto de diversas estratégias. Essa simulação ajuda a tomar decisões mais informadas sobre investimentos e operações, garantindo que a empresa esteja preparada para vários cenários futuros.

A personalização é outro aspecto importante. Com a IA, é possível antecipar as necessidades dos clientes e oferecer recomendações personalizadas com base em dados detalhados. Isso não apenas melhora a experiência do cliente, mas também ajuda a criar uma base de consumidores leal, oferecendo exatamente o que eles desejam antes mesmo que o peçam.

Para implementar um planejamento eficaz com IA, é crucial integrar a tecnologia nas estratégias de longo prazo da empresa. Isso inclui não apenas a adoção de ferramentas de IA, mas também garantir que as equipes sejam capacitadas para interpretar e utilizar os insights fornecidos pela IA. Investir em treinamentos e criar uma cultura de dados dentro da organização é fundamental para maximizar os benefícios da IA.

A escalabilidade também deve ser considerada. À medida que a empresa cresce e as necessidades evoluem, é importante que os sistemas de IA possam ser ajustados e expandidos para acompanhar essas mudanças. Escolher tecnologias flexíveis e escaláveis garante que a empresa continue a obter valor da IA à medida que enfrenta novos desafios e oportunidades.

Aproveitar a IA para o planejamento futuro oferece uma vantagem significativa, permitindo que as empresas se antecipem às mudanças e se adaptem rapidamente. Utilizar a IA para prever tendências, otimizar recursos e personalizar experiências ajuda a posicionar a empresa para um sucesso sustentável e contínuo.

CAPÍTULO 6
ÉTICA E CONSIDERAÇÕES LEGAIS

ÉTICA NA IA

CONSIDERAÇÕES ÉTICAS AO IMPLEMENTAR IA

Quando falamos sobre implementar Inteligência Artificial (IA), as considerações éticas desempenham um papel crucial. Essas preocupações não se limitam apenas a questões técnicas, mas também a impactos sociais e pessoais. É essencial refletir sobre como a IA afeta as vidas das pessoas e como podemos garantir que sua implementação seja feita de maneira responsável.

Primeiramente, a transparência é fundamental. É importante que as pessoas saibam quando estão interagindo com uma IA e entender como ela toma decisões. Se um sistema de IA está tomando decisões que afetam a vida de alguém, como aprovações de crédito ou diagnósticos médicos, a transparência permite que as pessoas compreendam e contestem essas decisões, se necessário.

Outra consideração é a privacidade. A IA frequentemente lida com grandes volumes de dados, e a forma como esses dados são coletados, armazenados e usados deve ser cuidadosamente gerida. Proteger a privacidade das pessoas significa garantir que seus dados sejam utilizados de forma ética e que haja medidas rigorosas para evitar vazamentos ou usos indevidos.

Além disso, devemos considerar o impacto da IA no mercado de trabalho, pois sistemas automatizados podem substituir tarefas humanas, o que pode levar à perda de empregos. É vital encontrar um equilíbrio, promovendo a inovação enquanto se busca soluções para apoiar os trabalhadores que podem ser afetados por essas mudanças. A educação e o treinamento em novas habilidades podem ajudar a mitigar esse impacto.

A questão do viés também é crucial. A IA pode refletir ou até amplificar preconceitos existentes se os dados com os quais é treinada contiverem tais vieses. Isso pode resultar em decisões injustas e discriminação. Portanto, é fundamental adotar práticas para identificar e minimizar vieses nos algoritmos e garantir que a IA seja justa e equitativa.

Implementar a IA de maneira ética não é uma tarefa simples, mas é um passo fundamental para garantir que a tecnologia beneficie a todos de maneira justa e responsável. Ao considerar essas questões, podemos trabalhar para criar um futuro onde a IA não apenas impulsione a inovação, mas também respeite e valorize as necessidades e os direitos das pessoas.

TRANSPARÊNCIA E RESPONSABILIDADE NO USO DA IA

Garantir que a Inteligência Artificial (IA) seja utilizada de forma ética e confiável exige um compromisso com a transparência e a responsabilidade. Esses princípios são essenciais para assegurar que a tecnologia seja aplicada de maneira justa e que seus impactos sejam compreendidos por todos os envolvidos.

A transparência significa que as operações da IA devem ser claras e acessíveis para os usuários. É crucial que as pessoas saibam como as decisões são tomadas pelos sistemas de IA, quais dados estão sendo usados e os critérios por trás dessas decisões. Por exemplo, em processos como a aprovação de crédito, é importante que os usuários entendam os fatores que influenciam o resultado. Esse nível de clareza permite que as pessoas não apenas compreendam, mas também questionem e corrijam eventuais erros.

Além disso, a transparência envolve informar os usuários sobre os possíveis impactos da IA em suas vidas. As empresas e organizações precisam comunicar de forma clara como a IA pode afetar as pessoas e quais medidas estão sendo tomadas para proteger seus dados e direitos. Dessa forma, evita-se que surjam surpresas e se constrói um relacionamento de confiança entre os desenvolvedores e o público.

Responsabilidade é o princípio que assegura que haja uma entidade ou indivíduo responsável pelas ações da IA. É fundamental que existam estruturas bem definidas para que, em caso de problemas, haja um processo claro para resolver a situação. Isso inclui desde a identificação dos responsáveis pelos erros até a implementação de medidas corretivas adequadas. Além disso, a responsabilidade exige a realização de testes e validações rigorosos para garantir que a IA funcione conforme o esperado antes de ser utilizada em larga escala.

Adotar uma abordagem responsável também implica estar preparado para enfrentar as consequências imprevistas que podem surgir. Mesmo com planejamento e testes, a IA pode apresentar problemas, e é crucial ter estratégias para mitigar esses impactos e resolver as questões de forma eficaz.

Em suma, a transparência e a responsabilidade são fundamentais para o uso ético da IA. Assegurar que as operações da IA sejam claras e compreensíveis, e estabelecer mecanismos sólidos para lidar com falhas e problemas, são passos essenciais para garantir que a tecnologia seja benéfica e segura. Esses princípios ajudam a proteger os direitos dos indivíduos e promovem a aceitação e confiança na tecnologia.

PRIVACIDADE E SEGURANÇA DOS DADOS

A privacidade e a segurança dos dados são aspectos cruciais quando se trata de usar Inteligência Artificial (IA). À medida que a IA se torna uma parte cada vez mais presente em nossas vidas, é fundamental garantir que as informações pessoais sejam protegidas e que os sistemas de IA não representem riscos para a privacidade dos indivíduos.

Privacidade se refere ao direito das pessoas de controlar como suas informações pessoais são coletadas, usadas e compartilhadas. Quando um sistema de IA processa dados, ele pode lidar com informações sensíveis, como detalhes financeiros, históricos de saúde ou preferências pessoais. É essencial que as organizações que utilizam IA tenham políticas claras sobre como esses dados são protegidos e que os usuários saibam exatamente como suas informações serão tratadas.

Um aspecto fundamental da privacidade é o consentimento. Antes de coletar ou utilizar dados pessoais, as organizações devem obter permissão explícita dos indivíduos. Isso significa que os usuários devem ser informados sobre quais dados serão coletados, para que serão usados e como serão armazenados. Além disso, as pessoas devem ter a possibilidade de revisar, corrigir e excluir suas informações, se desejarem.

A segurança dos dados, por outro lado, envolve a proteção dessas informações contra acessos não autorizados, vazamentos e ataques cibernéticos. À medida que os sistemas de IA processam grandes volumes de dados, é vital implementar medidas de segurança robustas para prevenir violações. Isso pode incluir criptografia para proteger os dados durante a transmissão e o armazenamento, além de autenticação e controle de acesso rigorosos para garantir que apenas pessoas autorizadas possam acessar informações sensíveis.

Além das medidas técnicas, a segurança dos dados também exige uma abordagem proativa em termos de monitoramento e resposta a incidentes. Isso significa ter procedimentos em vigor para detectar e reagir rapidamente a qualquer tentativa de violação, bem como realizar auditorias regulares para identificar e corrigir vulnerabilidades.

A gestão de dados também deve considerar a minimização da coleta de informações. Isso significa que as organizações devem coletar apenas os dados necessários para cumprir suas finalidades e evitar armazenar informações desnecessárias que possam aumentar o risco de exposição.

Garantir a privacidade e a segurança dos dados é essencial para a ética no uso da IA. As organizações precisam adotar práticas transparentes e responsáveis para proteger as informações pessoais e assegurar que os sistemas de IA operem de forma segura. Essas medidas não apenas ajudam a manter a confiança dos usuários, mas também promovem um ambiente onde a tecnologia pode ser utilizada de maneira benéfica e segura.

REGULAMENTAÇÕES E COMPLIANCE

LEIS E REGULAMENTAÇÕES RELEVANTES

No cenário atual, onde a Inteligência Artificial (IA) desempenha um papel cada vez mais importante, as leis e regulamentações tornam-se essenciais para garantir que a tecnologia seja utilizada de maneira ética e responsável. Conhecer e seguir essas normas é crucial para assegurar que as práticas envolvendo IA respeitem os direitos dos indivíduos e promovam a justiça.

As leis e regulamentações relevantes para a IA variam de acordo com o país e a região, mas muitas compartilham princípios comuns que buscam proteger a privacidade, assegurar a transparência e promover a equidade. Uma das legislações mais conhecidas é o Regulamento Geral sobre a Proteção de Dados (GDPR), da União Europeia. O GDPR estabelece regras rigorosas sobre a coleta, armazenamento e uso de dados pessoais. Ele exige que as empresas obtenham consentimento explícito dos usuários e lhes proporcionem o direito de acessar, corrigir e excluir suas informações.

Nos Estados Unidos, a abordagem regulatória é um pouco diferente. Embora não haja uma lei federal única para a proteção de dados, existem várias regulamentações específicas para setores distintos, como a Lei de Privacidade de Saúde (HIPAA) para informações médicas e a Lei de Proteção da Privacidade Online para Crianças (COPPA), que protege dados de menores de 13 anos. Além disso, estados como a Califórnia têm suas próprias leis, como o California Consumer Privacy Act (CCPA), que concede aos residentes do estado o direito de saber quais dados são coletados e como são utilizados.

Em outros países, como o Brasil, a Lei Geral de Proteção de Dados (LGPD) regula o tratamento de dados pessoais, alinhando-se com os princípios do GDPR. A LGPD estabelece diretrizes para o consentimento, a transparência e a segurança dos dados, e cria um órgão regulador, a Autoridade Nacional de Proteção de Dados (ANPD), para supervisionar a conformidade.

Além das leis de proteção de dados, as regulamentações também podem abordar aspectos específicos da IA, como a ética algorítmica e a responsabilidade. Por exemplo, algumas propostas de regulamentação exigem que os sistemas de IA sejam auditáveis e explicáveis, para que as decisões automatizadas possam ser compreendidas e contestadas. Também há uma crescente demanda por diretrizes que garantam que a IA seja desenvolvida e utilizada de maneira justa, evitando preconceitos e discriminação.

Além das leis já existentes, a regulamentação da IA está em constante evolução. Com o avanço da tecnologia, os legisladores estão cada vez mais atentos às implicações éticas e sociais da IA e podem criar novas normas para abordar questões emergentes, como a responsabilidade por erros de IA e a proteção contra abusos.

Para as empresas e organizações que utilizam IA, é vital estar atualizadas sobre as regulamentações aplicáveis e garantir que suas práticas estejam em conformidade. Isso não apenas ajuda a evitar sanções legais, mas também promove a confiança dos usuários e a integridade no uso da tecnologia.

As leis e regulamentações são fundamentais para garantir que a IA seja usada de forma ética e responsável. Compreender e seguir essas normas é essencial para proteger os direitos dos indivíduos e garantir que a tecnologia contribua positivamente para a sociedade.

COMO GARANTIR CONFORMIDADE LEGAL

Garantir a conformidade legal ao trabalhar com Inteligência Artificial (IA) é crucial para qualquer organização. Isso envolve seguir uma série de etapas para alinhar operações com as leis e regulamentações vigentes, minimizando riscos e promovendo o uso responsável da tecnologia.

Primeiro, é essencial conhecer a legislação aplicável, que varia conforme o setor e a localização. Compreender essas normas, incluindo regulamentações sobre proteção de dados e segurança da informação, é fundamental. Consultar advogados especializados e manter-se atualizado sobre mudanças legais é necessário para garantir conformidade contínua.

Em seguida, é importante implementar políticas e procedimentos internos alinhados com essas regulamentações. Crie diretrizes claras para a coleta, armazenamento e uso de dados, além de abordar segurança e privacidade. Essas políticas devem ser documentadas e acessíveis a todos os colaboradores.

A educação e o treinamento dos funcionários são igualmente importantes. Todos devem estar cientes das regulamentações e como suas ações impactam a conformidade. Programas de treinamento regulares garantem que a equipe esteja atualizada e preparada.

Além disso, realizar auditorias e revisões periódicas é essencial para verificar a conformidade. Avaliações de impacto sobre proteção de dados, auditorias de segurança e revisões de processos ajudam a identificar e corrigir problemas antes que se tornem sérios.

Manter uma comunicação aberta com órgãos reguladores é recomendado. Buscar orientação direta sobre a interpretação das leis pode evitar problemas futuros. Colaborar e fornecer informações solicitadas demonstra compromisso com a conformidade.

Finalmente, é crucial ter um plano de resposta a incidentes bem definido. Em caso de violação de dados ou outros problemas de conformidade, um procedimento claro para lidar com a situação pode minimizar impactos e resolver rapidamente o problema, incluindo notificações aos afetados e reguladores conforme exigido.

Em resumo, garantir conformidade ao usar IA envolve conhecer as leis, implementar políticas adequadas, treinar funcionários, realizar auditorias, manter comunicação com reguladores e ter um plano de resposta a incidentes. Seguir essas etapas assegura o uso responsável da tecnologia e promove a integridade e confiança na organização.

Capítulo 7
Inteligência Artificial na Prática

Empresas que Implementaram IA com Sucesso

Implementar Inteligência Artificial (IA) pode parecer uma tarefa desafiadora para pequenas empresas, mas diversos exemplos mostram que é possível obter grandes resultados, mesmo com recursos limitados. A seguir exploraremos alguns casos de sucesso de pequenas empresas que adotaram IA e transformaram suas operações.

FarmBot

FarmBot é uma inovadora empresa de tecnologia voltada para a agricultura urbana e a automação no cultivo de plantas. Utilizando um sistema de robótica equipado com Inteligência Artificial, a FarmBot é capaz de monitorar e gerenciar jardins urbanos com precisão. O sistema inclui sensores que coletam dados sobre as condições das plantas, como umidade do solo, níveis de nutrientes e presença de pragas. Com base nesses dados, a IA faz recomendações e realiza ações automatizadas, como irrigação e aplicação de fertilizantes. O FarmBot também pode identificar e tratar problemas nas plantas, melhorando a saúde geral do jardim e a produtividade. A solução da FarmBot visa tornar a agricultura urbana mais acessível e sustentável, proporcionando uma maneira eficiente de cultivar alimentos em ambientes urbanos com espaço limitado.

LUMINANCE

A Luminance é uma startup que desenvolve soluções de IA para a área jurídica. Sua tecnologia utiliza algoritmos de aprendizado de máquina para analisar documentos legais, identificar padrões e extrair informações relevantes de maneira mais rápida e precisa do que os métodos tradicionais. Advogados e equipes jurídicas podem usar a Luminance para revisar contratos, realizar due diligence e gerenciar grandes volumes de documentos com maior eficiência. A implementação da IA ajudou a Luminance a reduzir significativamente o tempo gasto em tarefas repetitivas e a melhorar a precisão das análises jurídicas, permitindo que os profissionais se concentrem em atividades de maior valor agregado.

AIVA

Aiva é uma startup que utiliza Inteligência Artificial para criar música. A empresa desenvolveu um sistema que pode compor músicas originais em vários estilos e gêneros, aprendendo com uma vasta base de dados musicais. O processo de composição é automatizado e adaptado às preferências dos usuários, permitindo a criação de trilhas sonoras personalizadas para filmes, vídeos e jogos. Aiva é um exemplo notável de como a IA pode ser aplicada para promover a criatividade e fornecer soluções inovadoras em setores criativos. O uso da IA na composição musical oferece uma maneira única de personalizar experiências auditivas e expandir as possibilidades criativas para artistas e produtores.

SCRIBE

Scribe é uma ferramenta que utiliza IA para transformar processos manuais de documentação em fluxos de trabalho automáticos e eficientes. A plataforma da Scribe permite que usuários gravem suas ações e o sistema gera automaticamente guias passo a passo e documentação com base na gravação. Esse processo economiza tempo e reduz a necessidade de criar manuais e procedimentos operacionais manualmente. A implementação da IA ajuda empresas a melhorar a eficiência operacional, garantindo que o conhecimento e as melhores práticas sejam capturados e compartilhados de maneira sistemática.

COGRAM

Cogram é uma empresa que fornece uma plataforma de colaboração baseada em IA para equipes de desenvolvimento de software. A ferramenta oferece suporte inteligente para codificação, revisando e sugerindo melhorias no código em tempo real. A IA da Cogram analisa o código em busca de padrões e possíveis erros, ajudando desenvolvedores a melhorar a qualidade do software e acelerar o processo de desenvolvimento. A integração da IA na plataforma contribui para uma maior eficiência e redução de erros, facilitando o desenvolvimento de software mais robusto e confiável.

RASA

A Rasa é uma startup que fornece uma plataforma de código aberto para construção de chatbots e assistentes virtuais personalizados. Utilizando IA e processamento de linguagem natural (PLN), a Rasa permite que empresas criem assistentes virtuais que entendem e respondem a consultas de clientes de forma inteligente. A plataforma é altamente configurável e permite que as empresas treinem seus chatbots para atender às necessidades específicas de seus clientes, melhorando a eficiência do atendimento ao cliente e proporcionando uma experiência mais personalizada. A Rasa tem sido adotada por várias pequenas e médias empresas que buscam automatizar o suporte ao cliente e melhorar a interação com os usuários.

Esses exemplos demonstram que pequenas empresas podem, sim, implementar IA com sucesso e obter benefícios substanciais. A chave está em identificar as áreas onde a IA pode agregar valor, seja melhorando a experiência do cliente, otimizando operações ou personalizando marketing. Com a tecnologia certa e uma abordagem estratégica, as pequenas empresas podem não apenas competir, mas também prosperar no mercado atual.

LIÇÕES APRENDIDAS E MELHORES PRÁTICAS

Ao examinar casos de sucesso de pequenas empresas que implementaram Inteligência Artificial (IA), várias lições valiosas emergem, oferecendo insights importantes sobre como adotar essa tecnologia de forma eficaz. Essas lições não apenas ajudam a evitar armadilhas comuns, mas também fornecem uma base sólida para maximizar os benefícios da IA.

Primeiramente, a clareza na definição de objetivos é essencial. Antes de iniciar qualquer projeto de IA, é crucial que a empresa tenha uma visão clara de o que deseja alcançar. Seja para melhorar o atendimento ao cliente, otimizar processos internos ou aumentar as vendas, os objetivos devem ser específicos e mensuráveis. Definir metas claras ajuda a orientar a implementação da IA e a avaliar seu impacto de maneira objetiva.

Outra lição importante é a integração com os processos existentes. Muitas empresas cometem o erro de tratar a IA como uma solução isolada, sem considerar como ela se encaixa nos processos de negócios já estabelecidos. Integrar a IA de forma harmoniosa com as operações existentes garante que a tecnologia complemente e melhore o que já está em funcionamento, em vez de criar complexidades adicionais. Uma integração bem planejada facilita a adoção e maximiza os benefícios da IA.

Além disso, a qualidade dos dados desempenha um papel crucial no sucesso de qualquer projeto de IA. Dados imprecisos ou incompletos podem levar a resultados insatisfatórios e decisões equivocadas. Portanto, investir tempo e recursos na coleta, limpeza e gestão de dados de alta qualidade é fundamental. As empresas devem assegurar que os dados usados para treinar os modelos de IA sejam representativos e relevantes para o problema que estão tentando resolver.

A educação e o treinamento dos funcionários também são aspectos vitais. A implementação de IA pode exigir novas habilidades e conhecimentos dentro da empresa. Oferecer treinamento adequado e garantir que a equipe esteja confortável com a nova tecnologia facilita a adaptação e o uso eficaz da IA. Funcionários bem treinados são mais propensos a identificar oportunidades para melhorar processos e a utilizar a tecnologia de forma eficiente.

Outra prática recomendada é a realização de testes e ajustes contínuos. A IA não é uma solução definitiva desde o início; ela evolui com o tempo. É importante testar os sistemas de IA em condições reais e ajustar os modelos conforme necessário para garantir que eles atendam às expectativas e continuem a melhorar. A iteração constante permite ajustar estratégias e aperfeiçoar a implementação com base em dados e feedback.

Por fim, a comunicação e a transparência com todas as partes interessadas são fundamentais. Manter os clientes, funcionários e outras partes interessadas informados sobre como a IA está sendo usada e quais benefícios ela traz ajuda a construir confiança e a promover uma aceitação mais ampla da tecnologia. Explicar claramente como a IA afeta os processos e os resultados pode aliviar preocupações e destacar os valores da inovação.

Essas lições e melhores práticas fornecem um guia valioso para pequenas empresas que desejam implementar IA com sucesso. Ao definir objetivos claros, integrar a tecnologia de maneira eficaz, garantir a qualidade dos dados, treinar a equipe, realizar ajustes contínuos e comunicar-se de forma transparente, as empresas podem maximizar o potencial da IA e alcançar resultados positivos.

Diretrizes Gerais para Implementar IA no seu Negócio

Implementar projetos de Inteligência Artificial (IA) pode parecer uma tarefa complexa, mas dividir o processo em etapas gerenciáveis pode tornar a tarefa mais simples e acessível. A seguir apresentamos um guia para ajudar você a iniciar pequenos projetos de IA em seu negócio.

1. Identifique uma Oportunidade

O primeiro passo é identificar uma área em seu negócio onde a IA possa trazer melhorias significativas. Pode ser uma tarefa repetitiva que consome tempo, um processo que poderia ser automatizado ou uma oportunidade para oferecer uma experiência mais personalizada aos clientes. Escolher um problema específico e bem definido ajuda a focar seus esforços e a medir o impacto da IA de maneira mais eficaz.

2. Defina Objetivos Claros

Depois de identificar a área de aplicação, defina objetivos claros e mensuráveis para o projeto. Pergunte-se o que você espera alcançar com a implementação da IA. Por exemplo, se você está buscando automatizar o atendimento ao cliente, o objetivo pode ser reduzir o tempo de resposta para menos de cinco minutos. Estabelecer metas concretas ajuda a orientar o desenvolvimento do projeto e a avaliar seu sucesso.

3. Reúna e Prepare os Dados

A próxima etapa é coletar e preparar os dados necessários para treinar o modelo de IA. Dados de alta qualidade são cruciais para o sucesso de qualquer projeto de IA. Certifique-se de que os dados sejam relevantes, precisos e completos. Em muitos casos, será necessário limpar e organizar os dados para garantir que estejam prontos para análise. Isso pode incluir a remoção de duplicatas, a correção de erros e a padronização dos formatos.

4. Escolha as Ferramentas e Tecnologias

Selecione as ferramentas e plataformas de IA que melhor se adequam ao seu projeto. Existem várias opções disponíveis, desde soluções prontas para uso até plataformas que permitem personalização mais avançada. Ferramentas como TensorFlow, PyTorch, ou plataformas de serviços em nuvem com IA integrada, como AWS e Azure, oferecem uma variedade de funcionalidades. A escolha certa depende das suas necessidades específicas e do nível de complexidade do projeto.

5. Desenvolva e Treine o Modelo

Com os dados prontos e as ferramentas escolhidas, inicie o desenvolvimento e o treinamento do modelo de IA. Se você estiver utilizando algoritmos de aprendizado de máquina, precisará dividir seus dados em conjuntos de treinamento e teste para avaliar o desempenho do modelo. Teste diferentes algoritmos e ajuste os parâmetros para melhorar a precisão e a eficácia do modelo.

6. Implemente e Teste

Uma vez que o modelo de IA esteja treinado, é hora de implementá-lo no ambiente real. Inicialmente, execute um teste piloto para avaliar como a IA se comporta com dados reais e se atende aos objetivos estabelecidos. Monitore de perto os resultados e colete feedback para identificar possíveis áreas de melhoria. Ajuste o modelo conforme necessário com base nas observações e nos dados coletados durante a fase de teste.

7. Integre com os Processos Existentes

Integrar a IA com os processos existentes é uma etapa crucial. Certifique-se de que a solução de IA esteja bem integrada com os sistemas e fluxos de trabalho da sua empresa. A integração adequada garante que a IA funcione de forma fluida e não cause interrupções nas operações diárias. Prepare também a equipe para trabalhar com a nova tecnologia, oferecendo treinamentos e suporte conforme necessário.

8. Avalie e Otimize

Depois de implementar a IA, é importante continuar avaliando seu desempenho e impacto. Analise se a IA está alcançando os objetivos definidos e quais melhorias podem ser feitas. A otimização contínua é essencial para garantir que a tecnologia continue a oferecer valor à medida que as necessidades e condições de negócios evoluem.

9. Comunique e Compartilhe Resultados

Finalmente, compartilhe os resultados e aprendizados do projeto com sua equipe e outras partes interessadas. Comunicar os sucessos e desafios encontrados não só ajuda a promover a aceitação da tecnologia, mas também oferece insights valiosos para futuros projetos. Celebrar os resultados positivos pode motivar a equipe e incentivar a adoção de mais iniciativas de IA.

Seguindo esses passos, você pode implementar pequenos projetos de IA de forma eficaz e aproveitar os benefícios que essa tecnologia pode oferecer ao seu negócio. A abordagem estruturada ajuda a garantir que o projeto seja bem-sucedido e alinhado com os objetivos da empresa.

COMO IMPLEMENTAR IA NO SEU NEGÓCIO - AÇÕES PRÁTICAS

Para transformar o conceito de Inteligência Artificial (IA) em algo prático e aplicável ao seu negócio, é útil explorar exemplos concretos e realizar exercícios que permitam colocar em prática o que foi aprendido. Aqui estão alguns exemplos práticos e exercícios que você pode aplicar imediatamente para começar a implementar IA em sua empresa.

1. Automatização do Atendimento ao Cliente

Situação: Considere a implementação de um chatbot para responder a perguntas frequentes dos clientes em seu site. Chatbots são uma aplicação de IA que pode lidar com consultas comuns, como informações sobre produtos, status de pedidos e políticas de devolução, permitindo que sua equipe se concentre em questões mais complexas.

Ação: Escolha uma plataforma de chatbot, como o Dialogflow ou o Chatfuel, e crie um bot básico que possa responder a cinco perguntas frequentes. Configure o chatbot para interagir com os clientes e avalie a eficácia das respostas fornecidas. Ajuste o bot com base no feedback e nas interações reais para melhorar sua performance.

2. Análise de Sentimentos em Feedback de Clientes

Situação: Utilize ferramentas de IA para analisar o feedback dos clientes e identificar o sentimento predominante – positivo, negativo ou neutro. Isso pode ajudar a entender melhor a satisfação do cliente e a identificar áreas que precisam de melhorias.

Ação: Use uma ferramenta de análise de sentimentos como o MonkeyLearn ou o Lexalytics para analisar um conjunto de comentários de clientes sobre seu produto ou serviço. Examine os resultados para identificar tendências e insights. Com base nas conclusões, elabore um plano de ação para abordar as áreas que precisam de atenção.

3. Previsão de Demanda de Produtos

Situação: Implemente um modelo de IA para prever a demanda de produtos com base em dados históricos de vendas. Isso pode ajudar a otimizar o estoque e a reduzir o excesso ou a falta de produtos.

Ação: Recolha dados de vendas dos últimos seis meses e utilize uma ferramenta de aprendizado de máquina, como o Microsoft Azure Machine Learning ou o Google Cloud AI, para criar um modelo de previsão. Teste o modelo com dados recentes e ajuste os parâmetros para melhorar a precisão das previsões.

4. Personalização de Ofertas e Recomendação de Produtos

Situação: Use IA para oferecer recomendações personalizadas aos clientes com base em seu histórico de compras e comportamento de navegação. Sistemas de recomendação podem aumentar a relevância das ofertas e impulsionar as vendas.

Ação: Configure um sistema de recomendação básico usando uma plataforma como o Amazon Personalize. Comece com um conjunto pequeno de dados de compras e preferências dos clientes. Avalie a eficácia das recomendações geradas e faça ajustes para melhorar a precisão e a relevância das sugestões.

5. Automatização de Processos Internos

Situação: Implemente IA para automatizar tarefas repetitivas, como a triagem de e-mails ou a geração de relatórios. Isso pode economizar tempo e reduzir o risco de erros humanos.

Ação: Identifique uma tarefa repetitiva em seu fluxo de trabalho que pode ser automatizada, como a classificação de e-mails ou a geração de relatórios de vendas. Use uma ferramenta de automação baseada em IA, como o UiPath ou o Automation Anywhere, para criar um fluxo de trabalho automatizado. Teste a solução e ajuste conforme necessário para garantir que ela funcione corretamente e melhore a eficiência.

6. Identificação de Fraudes e Anomalias

Situação: Utilize IA para detectar padrões de comportamento fraudulentos em transações financeiras ou em registros de sistema. Algoritmos de detecção de anomalias podem identificar atividades suspeitas que merecem investigação.

Ação: Recolha um conjunto de dados de transações e use uma ferramenta de IA, como o IBM Watson ou o RapidMiner, para configurar um modelo de detecção de fraudes. Analise os resultados e ajuste o modelo para melhorar a precisão na identificação de comportamentos anômalos.

Os exemplos acima apresentam uma maneira prática de começar a implementar IA em seu negócio. Ao experimentar essas aplicações e ajustar suas abordagens com base nos resultados, você pode explorar como a IA pode resolver problemas específicos e trazer benefícios tangíveis para sua empresa.

APRENDIZADO CONTÍNUO E ADAPTAÇÃO DOS PROCESSOS

O avanço das tecnologias, especialmente no campo da Inteligência Artificial (IA), é constante e rápido. Para aproveitar ao máximo essas inovações e garantir que sua empresa permaneça competitiva, é essencial adotar uma mentalidade de aprendizado contínuo e adaptação dos processos. Aqui estão algumas estratégias para se manter atualizado e adaptável às novas tecnologias.

1. Mantenha-se Informado

Acompanhar as últimas tendências e desenvolvimentos em IA é crucial. Inscreva-se em newsletters de tecnologia, siga blogs especializados e participe de webinars e conferências sobre IA. Esses recursos oferecem insights valiosos sobre as novas tecnologias, melhores práticas e casos de uso emergentes. Sites como TechCrunch, Wired e artigos científicos em plataformas como arXiv são ótimos para se manter atualizado.

2. Invista em Educação Contínua

O aprendizado formal é uma excelente maneira de aprofundar seu conhecimento. Considere fazer cursos online em plataformas como Coursera, edX ou Udacity, que oferecem programas focados em IA e tecnologias emergentes. Muitas dessas plataformas oferecem certificações que podem adicionar valor ao seu perfil profissional e fornecer uma compreensão mais estruturada dos conceitos.

3. Experimente e Crie Protótipos

A prática é uma das melhores formas de aprender. Experimente novas ferramentas e tecnologias por meio de projetos pequenos ou protótipos. Criar protótipos de IA pode ajudá-lo a entender melhor como as tecnologias funcionam na prática e como podem ser aplicadas em diferentes cenários. Plataformas como Google Colab e Jupyter Notebooks permitem que você experimente e desenvolva modelos de IA com facilidade.

4. Participe de Comunidades e Fóruns

Engajar-se em comunidades e fóruns especializados é uma ótima maneira de trocar ideias e resolver dúvidas.

Participar de comunidades como Stack Overflow, Reddit ou fóruns específicos de IA permite que você aprenda com as experiências de outros profissionais e receba conselhos sobre problemas específicos que possa enfrentar.

5. Colabore e Faça Networking

Trabalhar em conjunto com outros profissionais da área pode oferecer novas perspectivas e insights. Colabore com colegas, participe de hackathons e faça networking em eventos da indústria. A troca de experiências e conhecimentos pode abrir portas para novas oportunidades e ajudar a adaptar as melhores práticas ao seu contexto específico.

6. Avalie e Adapte as Tecnologias

O ambiente tecnológico está em constante evolução, e o que é relevante hoje pode mudar rapidamente. Avalie periodicamente as tecnologias que sua empresa está utilizando e esteja aberto a adaptar e substituir ferramentas conforme necessário. Fazer uma revisão regular das soluções em uso ajuda a garantir que você está aproveitando ao máximo as inovações mais recentes.

7. Desenvolva uma Cultura de Inovação

Incentive uma cultura de inovação dentro da sua organização. Estimule sua equipe a buscar novas soluções e a explorar tecnologias emergentes. Promova a aprendizagem contínua e a experimentação como parte da rotina de trabalho. Uma equipe engajada e curiosa é fundamental para se adaptar rapidamente às mudanças tecnológicas.

8. Monitore Tendências de Mercado

Fique atento às mudanças no mercado e às novas demandas dos consumidores. Analisar como as tendências tecnológicas estão moldando o mercado pode ajudar a identificar áreas emergentes de oportunidade. O acompanhamento das inovações não só ajuda a planejar a adoção de novas tecnologias, mas também a antecipar mudanças que possam impactar seu setor.

Adaptar-se às novas tecnologias e manter-se atualizado é um processo contínuo. Ao adotar essas estratégias, você pode garantir que sua empresa não apenas acompanhe as mudanças, mas também tire proveito das oportunidades que as novas tecnologias oferecem. A chave é permanecer proativo, curioso e aberto a novas possibilidades, sempre buscando maneiras de integrar as inovações tecnológicas para melhorar e evoluir.

Conclusão

Ao chegarmos ao final deste livro, é importante recapitular os principais pontos que exploramos ao longo dos capítulos sobre Inteligência Artificial (IA) e sua aplicação prática em negócios. Esses conceitos não só ajudam a entender a IA, mas também oferecem uma base para implementar essa tecnologia de forma eficaz e ética.

Primeiramente, discutimos o fundamento da IA e suas aplicações em diversos contextos de negócios. Desde a definição básica da IA até suas diferentes formas, como aprendizado de máquina e redes neurais, destacamos como essas tecnologias podem ser usadas para resolver problemas específicos e melhorar processos. A compreensão dessas aplicações é essencial para identificar onde a IA pode agregar valor à sua empresa.

Passamos também pela importância da ética na implementação da IA. Este tópico abordou questões como transparência, responsabilidade, e a proteção dos dados e dos direitos dos consumidores. Discutimos como manter a privacidade e a segurança dos dados, e a necessidade de estar em conformidade com as regulamentações legais, garantindo que a IA seja usada de forma ética e responsável.

Em seguida, exploramos como garantir a conformidade legal e as melhores práticas para a proteção de dados. Compreender e aplicar as leis e regulamentações pertinentes, como a GDPR na Europa ou a LGPD no Brasil, é crucial para evitar problemas legais e proteger os direitos dos consumidores. A integração de práticas sólidas de proteção de dados ajuda a manter a confiança e a integridade na utilização da IA.

Avançando para os casos práticos, fornecemos estudos detalhados de pequenas empresas que implementaram IA com sucesso. Analisamos como essas empresas usaram a IA para resolver desafios específicos e alcançar resultados positivos, oferecendo exemplos concretos que podem inspirar e guiar sua própria jornada com a IA. As lições aprendidas desses casos destacam a importância de definir objetivos claros, integrar a tecnologia de forma eficaz e continuar a otimização e a avaliação dos sistemas de IA.

No que diz respeito a projetos práticos, discutimos guias passo a passo para implementar pequenos projetos de IA no seu negócio. Desde a identificação de oportunidades até a integração com processos existentes e a comunicação dos resultados, esses passos fornecem um caminho claro para começar a utilizar IA de maneira prática e eficaz.

Finalmente, exploramos exemplos de aplicações imediatas de IA, como automação de atendimento ao cliente, análise de sentimentos e personalização de ofertas. Esses exemplos e exercícios práticos ajudam a colocar a teoria em ação, permitindo que você veja como a IA pode ser aplicada diretamente para melhorar diferentes aspectos do seu negócio, criando uma vantagem competitiva, otimizando processos e oferecendo um melhor serviço aos seus clientes.

CONSIDERAÇÕES FINAIS DO AUTOR

Gostaria de refletir sobre a jornada que percorremos juntos pelo fascinante mundo da Inteligência Artificial (IA), desde a compreensão dos fundamentos da IA até a aplicação prática e a consideração das questões éticas e legais. O objetivo foi proporcionar uma visão abrangente e acessível dessa tecnologia transformadora.

A IA não é apenas uma tendência passageira; é uma força poderosa que está moldando o futuro dos negócios e da sociedade. O que aprendemos aqui é que, ao integrar IA de forma estratégica, você pode otimizar processos, melhorar a tomada de decisões e oferecer uma experiência mais personalizada para seus clientes. No entanto, é fundamental abordar a implementação da IA com um entendimento claro das implicações éticas e legais, garantindo que as soluções adotadas respeitem a privacidade dos dados e estejam em conformidade com as regulamentações vigentes.

A jornada com a IA não termina com a conclusão deste livro. Ao contrário, ela marca o início de um processo contínuo de aprendizado e adaptação. As tecnologias evoluem rapidamente e o sucesso a longo prazo dependerá da sua capacidade de se manter atualizado, experimentar novas soluções e ajustar suas estratégias conforme necessário.

Espero que os conceitos e ferramentas discutidos aqui forneçam uma base para você iniciar ou aprimorar sua jornada com a IA. Utilize os recursos adicionais sugeridos para expandir seu conhecimento e explorar as inúmeras possibilidades que a IA oferece. Lembre-se de que a inovação é um caminho de aprendizado constante e que cada desafio é uma oportunidade para crescer e melhorar.

Agradeço a você por embarcar nesta exploração da Inteligência Artificial. Que sua experiência com a tecnologia seja enriquecedora e transformadora, e que você possa aplicar o que aprendeu para criar soluções impactantes e alcançar novos patamares em seus projetos e negócios.

www.ingramcontent.com/pod-product-compliance
Lightning Source LLC
LaVergne TN
LVHW051711050326
832903LV00032B/4146